東京銭湯サウナガイド

東京都の銭湯（公衆浴場）の入浴料は2023年3月現在、500円となっています。

本書に記載されている「サウナ料金」は、サウナ利用に際して入浴料以外に追加で支払う料金を示します。

その他、本書に記載の情報は基本的に2023年3月現在のものです。

都内銭湯サウナリスト

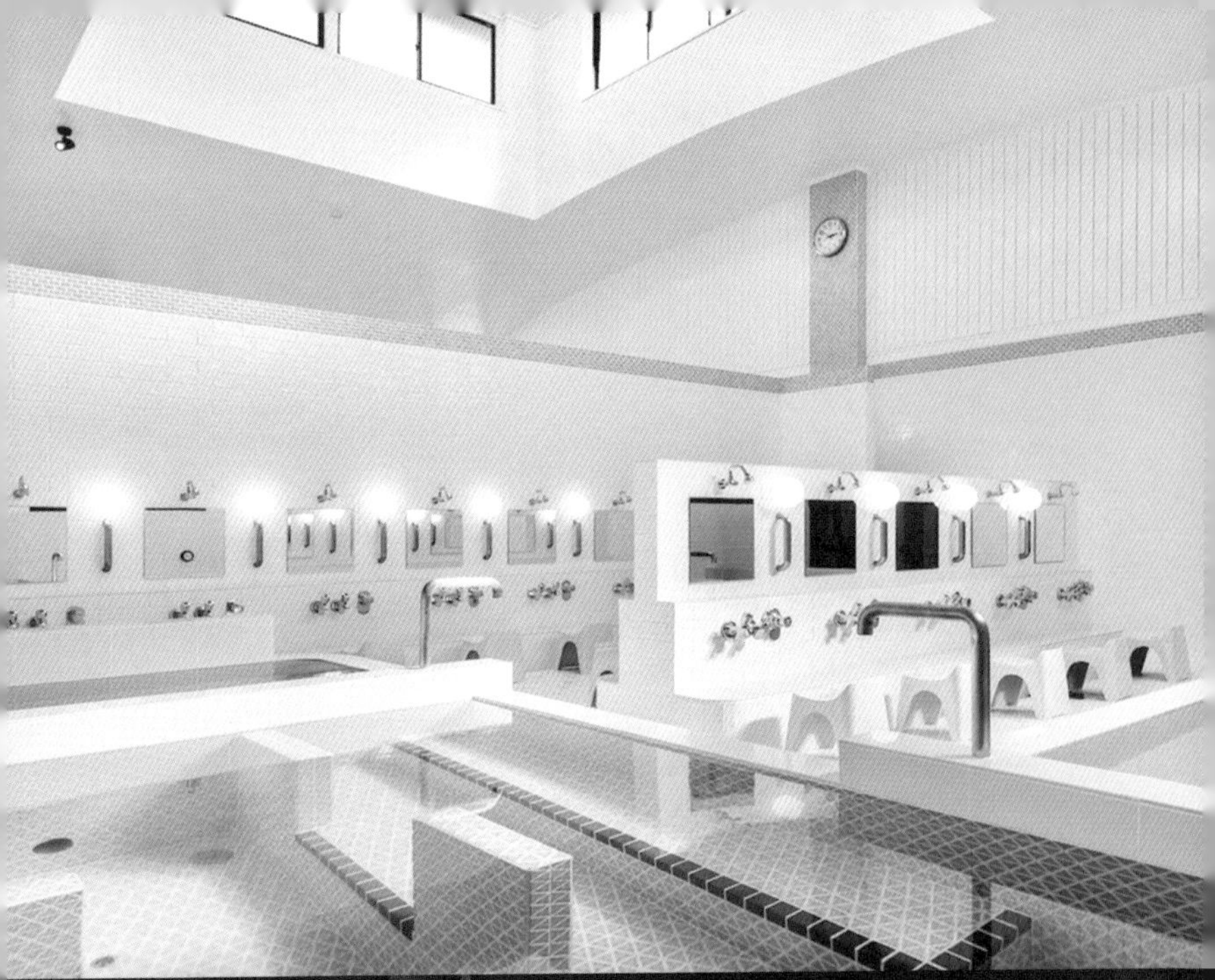

5

銭湯サウナの世界へようこそ

「サウナブーム」と言われるようなってずいぶん経ちます。

いまや各地に豪華な設備を備えた施設が新設されるようになりました。完全予約制のソロサウナ、テントサウナから川や湖に飛び込むキャンプ場。有名施設には全国からサウナーたちが日々おしかけて大盛況。

そんな中、いま改めて見直されているのがサウナ付き銭湯＝銭湯サウナです。

リニューアルなどでジェットバスや炭酸泉といった種類豊富な浴槽や水質のいい水風呂、オートロウリュなど専門の施設にまけないサウナ設備をそなえた銭湯が近年続々と登場し、若い利用者たちから人気を博しています。

そんな非日常的なエンターテイメント性溢れる銭湯がある一方で、日常に根ざした銭湯もまだまだ残っています。地域に密着し、地元の方たちから長年愛されてきた昔ながらの銭湯の数々。

本書は、そんな様々な形で都内に存在す

る銭湯の中から、とくにサウナを楽しみたいという方たちのためにセレクトした「銭湯サウナ」のガイドブックです。

話題のリノベーション銭湯を数多く手がける今井健太郎さんのインタヴュー。

そして「おすすめ30選」には沿線マップを組み合わせてみました。外出のついでにふらっと立ち寄れる気軽さが銭湯の魅力でもあるので、ぜひご活用ください。

世間のサウナ情報はどうしても男性向けのものが中心になりがちです。本書では『女性のためのサウナ・ハンドブック』の著者であるサウナ女子さんに、女性にも行きやすい（そしてもちろんサウナの良い）施設を紹介していただきました。

巻末には紙幅の許す範囲でなるべく多くの銭湯サウナを掲載しました。「30選」には入っていなくても、魅力的な施設がたくさん見つかると思います。

日本独自のカルチャーである〝銭湯〟。そこに通う地域のみなさんへの礼儀は忘れず、銭湯サウナの気楽な世界を楽しんでいただければ幸いです。

（編集部）

今井健太郎インタヴュー

取材　大木浩一

いまい・けんたろう
1967年静岡県生まれ
武蔵野美術大学大学院造形研究科卒業後、2つの設計事務所を経て1998年に今井健太郎建築設計事務所を設立。主に銭湯などの温浴施設に関わる設計業務、工事監理業務を担う。

いま、都内の銭湯やサウナに興味をもっているひとならば今井健太郎事務所によるリニューアル銭湯の数々について評判を耳にしていることでしょう。

スタイリッシュながら機能性も高い「イマケン銭湯」の背景と、そこに込められた思いを語っていただきました！

——今井さんが銭湯の設計を手がけるようになったきっかけは？

今井　20代後半の頃、設計事務所に勤めていたんですが、当時は給料も安かったので、風呂なしの部屋を借りて銭湯通いをするようになったんです。すると、周りにいい銭湯がいっぱいあったことに気付いたんです。その後、しばらくして独立して事務所を始めるようになるんですが、その時はすでに銭湯がどんどんなくなっている状況で。こんないいものがなくなっていくのはもったいないな、デザイン的にしっかりしたものを作れば、若者に受け入れられて残っていくんじゃないかと考えたんです。それで、まずは土日に銭湯巡りをするようになりました。そんなある日、足立区の大黒湯（注：一昨年廃業した通称キングオブ銭湯）に行くことがあって、そこで仙人のようなお客さんに出会ったんですね。この人と仲良くなったらオーナーとも仲良くなれるかなとも考えていたんですが、そんなこと考えてないで、どんどんアプローチしていけばいいんじゃないかと思い直しまし

P8：第一金乗湯（P.28 掲載）

た。そこからですね、具体的に動き出したのは。

――まずはどんなことから行動に移したんですか？

今井　銭湯って、設計用の資料がないんですよ。「こういうものを作る時はこうする」みたいなノウハウがない。だから自分で標準的な寸法を研究しようと、銭湯の基本寸法から調べました（笑）。

――それは……すごいですね（笑）。

今井　もちろんおおっぴらに広げて測るのではなく、タイルの大きさを測ってタイルの数を数えて、脱衣室で簡単にメモして、家で清書して資料にしました。それを持って飛び込みで銭湯に営業に行ったんです。すぐ仕事が決まることはなかったんですが、興味を持ったオーナーの方が、空いた時間に話を聞いてくれたりしました。話をしていくうちに、描きためていた自分の作りたい銭湯を業界誌で連載するという話になったんです。タイトルは『夢銭湯』。その連載2回目で、早くもお声がかかったんです。それが最初に手がけた大平湯さんです。銭湯の仕事をやろうと決めてから2年ぐらい経ったところでした。

――そこから銭湯の設計が軌道に乗っていったと。ちなみに銭湯というのは、依頼を受けてから、完成までどのくらいかかるのでしょうか？

P11：大平湯（P.30 掲載）

今井　戸越銀座温泉や御谷湯は建物自体が建て替え（改築）なので、2年ぐらい、それ以外のリノベーションで内装を改修する場合は1年ぐらいですね。リノベーションの実際の工事期間は3～4ヵ月ぐらいですが、設計と基本調査に6～7ヶ月かかるんです。他に見積もり調整などで3ヶ月程度見ています。

――今井さんの手がける銭湯はデザインコンセプトがありますが、これはどのように決まるのでしょうか？

今井　まずはオーナーさんの要望をしっかり聞いた上でマーケティングを行います。それから「社会的条件」「地域的要条件」「個別的条件」の3つの視点から調査（の結果を統合し、反映させた設計）をして、コンセプトを提案します。「社会的条件」はその時代に銭湯がどうあるべきかというもの。「地域的条件」はどの地域に作るかというもの。例えば渋谷区に作るのと北区に作るのでは違いますし、商業地と住宅地でも違うので、そこを紐解くと。そして「個別的条件」は、その銭湯はどんな歴史や特徴がもっているかです。もちろん提案後も、オーナーさんとのすり合わせ作業が必要です。

――マーケティングはどのようにされるのでしょう？

今井　半径2キロの地域を歩いて土地の特徴を掴んだり、範囲内にある銭湯の軒数

P12：万年湯（P.25掲載）

や推移を調べて、入浴したりもします。だいたい自転車で行ける距離と想定しています。

――銭湯のリノベーションで難しい部分はどこでしょうか？

今井　やはり、建物の広さがすでに決まっているところですね。それと、今の状態を活かしていかなくてはいけないところです。

――今井さんの設計されている銭湯はひとつひとつコンセプトがあり、全く違うものもありますが、どこか「イマケン銭湯」らしさがあるような気がします。これはどういうところに特徴があるのでしょうか？

今井　自分ではよくわからないんですが、何を強調して何を弱めるかで、そこから匂ってくるものがあるんじゃないでしょうか。あとは、タイルの選定は相当気を遣いますので、そこに僕の個性が出ているのかも。それから照明の使い方ですかね（※イマケン銭湯は蛍光灯を使用せず、暖色系の電球色をベースに照明演出する）。

――サウナで言うと、サウナ室から水風呂への導線などもやはり考慮されますか？

今井　それは当然考えますね。私としては当たり前のことをやっているだけなのですが、とても評価されているようです。もし他の施設でそう感じないのであれば、そちらが問題なのではないかと。それぐらい

P14：イーストランド（P.26 掲載）

P15：改良湯（p.22 掲載）

当たり前だと思っています。

――今井さんが手がけられた銭湯が「デザイナーズ銭湯」と言われるようになりましたが、ご自身としてはどうお考えですか？

今井　2003年頃に雑誌の記事でそう名付けられて定着したみたいです。でも、普通に考えてデザイナーがいない銭湯はないんですよ。「設計者」を英語で言うと「デザイナー」ですから（笑）。銭湯の認知度を高めて、利用者を増やす目的でそういった名前を使うのはいいとは思います。ただ、自分でデザイナーズ銭湯と名乗ったことや、カテゴライズしたことは一度もないですね。

――様々な銭湯を設計してきた今井さんですが、これから手がけてみたい銭湯の形や、すでに決まっているものなどはありますか？

今井　木造の銭湯を新築したいなと思っています。現在はビル型銭湯が多いですし、うちの手がけた銭湯も木造は3、4ぐらいですからね。今、山形で木造新築の温泉を手がけているんですが、やはり銭湯でやってみたい気持ちがあります。

それから、もうひとつは日本の入浴スタイルを海外で展開してみたいと考えています。今、スポーツジムのジェクサーさんが台湾に初出店（※今年開業予定）するんですが、そこの大浴場の設計のプロデューサーとしてお声がけいただきまして進行しています。これをきっかけに、初心を思い出して海外案件を開拓していきたいと思います。

そして、地方の銭湯ですね。都市部の銭湯では、しっかり設計すればお客さんがついてきてくれることが証明できたのではないかと思います。しかし、地方の銭湯は壊滅状態に近いので、お力添えをしたいなと。2003年に青森の桂温泉を設計しましたが、それ以来の案件として青森で、スパハウスかわむら（2022年オープン）を手がけました。ずっと都市型の案件を手がけてきましたが、今後は地域の銭湯もやっていきたいですね。

——最後に、昨今のサウナブームは設計する上で影響がありますか？

今井　もちろんオーナーさんの意向が最優先ですが、当然意識せざるを得ないですね。ただ、銭湯は長いスパンで愛されなくてはいけないので、一時のブームを安易に取り入れようとはしないつもりです。ありがたいことにこのサウナブームのおかげで16、7年前に手がけた銭湯が再評価されています。それはとりもなおさず、自分がやってきたこへのポジティヴな回答ではないかと思っています。

都内のイマケン銭湯紹介！

今井健太郎事務所が手がけた銭湯は現在都内に19軒。いずれも施設の本来の特徴を残しながらスタイリッシュに生まれ変わり、日々大いに賑わう人気の銭湯ばかり。

もちろんこのあとのページでオススメ銭湯として登場する施設も多いがここでは各銭湯のコンセプトを紹介したい。

ビル型銭湯で半地下という特殊な立地を活かす「GEO銭湯」がコンセプト。地球内部に現れたオアシスや洞窟にある神聖な泉をイメージした独特な落ち着きのある空間。リノベーション時にサウナを新設している。

♨えごた湯

2021年8月／東京都中野区江古田3-5-12

♨ 五色湯

2022 年 9 月／東京都豊島区目白 5-21-4

銭湯の名前の由来になっている、江戸五色不動のひとつ目白不動尊の「健康増進、病疫退散」から「湯治場銭湯」というコンセプトが生まれている。日常生活の中での心と身体を癒やし、治療する現代の都市型銭湯。

♨ 松の湯

2019 年 9 月／東京都八王子市小門町 20

一度は廃業も検討されたが、代替わりして見事に復活を遂げた銭湯。八王子の街を彩り象徴してきた、レンガ・黒塀・路面電車のイメージを内外装に取り入れたノスタルジックな雰囲気。「時をつなげる銭湯」がコンセプト。

♨ 吉野湯

2020年9月／東京都江戸川区平井4-23-2

多くの銭湯から消えつつある「坪庭のある銭湯」がコンセプト。男湯は以前からあるものを活かし、女湯は新設。ロビーにある男女共用の合計3つもあるという贅沢な作り。もちろん外気浴にも活用可能。

多種多様な人々や文化が集まる地域性から「渋谷CROSSING」をコンセプトとしてリニューアル。銭湯だけでなく様々なイベントもできるように脱衣所は可動式家具が置かれている。企業コラボも盛んに行われている。

♨改良湯
2018年12月／東京都渋谷区東2-19-9

※2021年3月にロウリュサウナと外気浴を取り入れさらにリニューアル

♨クアパレス藤
2017年11月／東京都板橋区南町39-10

大きな水槽とたくさんの植栽から地球環境を模した「テラリウム銭湯」がコンセプト。水、空、木、緑、空気、土。地球を感じる素材感を大切にしている。インタヴュー冒頭にある、風呂なし時代に通った初代ホーム銭湯。

♨ はすぬま温泉

2017年12月／東京都大田区西蒲田6-16-11

品川駅や羽田空港にも近いということで「旅情銭湯」、そして「大正ロマン」をコンセプトにしている。浴室壁のタイル絵は、リニューアル前のものを再利用した貴重な昭和のプロダクト。名前の通り天然温泉で炭酸泉も。

近くに哲学堂公園があり、哲学の銭湯がコンセプト。とはいえ堅苦しくはなく「自分がよりよく活きるためのツールとしての哲学＝銭湯」というもの。白い壁に釈迦・孔子・カント・ソクラテスを4色の光で表現している。

♨ 栄湯
2017年 10月／東京都新宿区西落合 2-6-2

♨ 大蔵湯

2016年12月／東京都町田市木曽町522

スーパー銭湯との差別化を図り、設備機器の音がないシンプルで静かな温浴空間となった。脱衣所はゴザ張り、浴室の床は玉砂利。横山大観の富士山をモチーフにした大きなタイル絵が神々しい。入浴用水は全て軟水。

♨ 万年湯

2016年8月／東京都新宿区大久保1-15-17

繁華街から一本入った路地にあり、「都会の隠れ湯」というコンセプト。多くのストレスを抱えて生活する私たちを現代の侍に例え、疲れを癒やす場所となっている。サウナはないが、あつ湯としっかり冷えた水風呂あり。

♨イーストランド

2015年11月／東京都江戸川区西篠崎2-23-1

イマケン銭湯ではかなり広い物件。和モダンのスタイルに外国人から見た日本のテイストを加えた作りになっている。円柱に施されたモザイクタイル絵はここだけのオリジナルデザイン。軟水のクオリティに定評あり。

♨御谷湯（みこくゆ）

2015年5月／東京都墨田区石原3-30-8

葛飾北斎の生家近くで、下町エリアにある銭湯。コンセプトは「現代の江戸前銭湯」で、江戸を感じるカラーリング。珍しいエレベーターで浴室に行く銭湯（4Fと5F　男女入れ替え制）で、スカイツリーが見られる。

洗練された文化の発信地である中目黒らしくコンセプトは「未来派銭湯」。意外性のある場所も魅力のひとつ。「露天風呂を新設したかなり大がかりなリノベーションでした。よくやったなと思います」（今井）

♨ **光明泉**（こうめいせん）

2014年 3月／東京都目黒区上目黒 1-6-1

♨ 第一金乗湯（だいいちきんじょうゆ）

2013年2月／東京都板橋区若木1-19-6

初の木造銭湯のリノベーション。天井が高い特徴的な関東型銭湯空間の良さを生かしたローコストプロジェクト。ペンキ絵は、丸山清人氏と中島盛夫氏の共作で、安藤広重と葛飾北斎の浮世絵をモチーフにしている。

♨ ふくの湯

2011年11月／東京都文京区千駄木5-41-5

「谷根千」と言われる寺社建築が非常に多いエリアにあり、商店街は七福神がイメージキャラクター。そこに行けばご利益を得られるような銭湯空間。いろいろなところにおめでたいエッセンスをちりばめている。

♨文化浴泉
2011年3月／東京都目黒区東丘3-6-8

リニューアル前にあった既設部分の再利用が多く、新設部分との不思議なミスマッチ感が魅力となっている。丸い額縁に縁取られた円形ペンキ絵は直径1・8mあり、日本では唯一のペンキ絵デザイン。

♨千代の湯
2010年1月／東京都目黒区鷹番2-20-3

目黒区ではいち早く軟水を取り入れており、炭酸泉のモザイクタイルにイマケン銭湯らしさが見られる。ペンキ絵は男湯が中島盛夫絵師、女湯が丸山清人絵師。サウナはないがゆったりと心が落ち着く銭湯。

♨ 戸越銀座温泉
2007年4月／東京都品川区戸越2-1-6

日本有数の商店街の中程にあり、リノベーションではなく改築している銭湯。古いものと新しいものの対比と融合（新古※シンプル）をコンセプトにしており、伝統的なペンキ絵とストリート絵師のコラボしたペンキ絵も。

♨ 大平湯
2001年8月／東京都足立区青井6-21-3

イマケン銭湯第1号。バリアフリーにもつながる立ち上がりのない浴槽が特徴。「勉強させていただいた部分もあります。多少変えているようですね。キッチンがあり、オーナーさんが作るカレーが美味しいです」（今井）

おすすめ30選

今日はどこに行こうか——
出先のついでにふらっと立ち寄れる、
そんな気楽さも銭湯の魅力のひとつ
有名施設から隠れ家的な銭湯まで
数々の魅力的な銭湯サウナの中から30軒を厳選!

JR線

東十条

やなぎ湯 P46
JR 京浜東北線・東十条駅
徒歩 5 分

上中里 ―― 大黒湯 P44
JR 京浜東北線・上中里駅
徒歩 2 分

南千住 ― 改栄湯 P92
JR 常磐線・南千住駅
徒歩 10 分

萩の湯 P40 ―― 鶯谷
JR 山手線・鶯谷駅
徒歩3分

上野

寿湯 P86
JR 上野駅・徒歩7分

両国

錦糸町 ―― 黄金湯 P50
JR 総武線／東京メトロ半蔵門線
錦糸町駅徒歩 6 分

東京

松の湯 P48
JR 総武線・両国駅徒歩 10 分
錦糸町駅徒歩 10 分、
錦糸町駅よりバス「緑3丁目」徒歩 2 分

大崎

大井町 ― 宮城湯 P98
JR 山手線・大崎駅徒歩 13 分、
JR 京浜東北線・大井町駅
徒歩 14 分

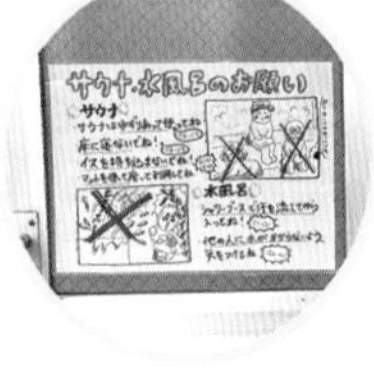

蒲田

ヌーランドさがみ湯 P60
JR 京浜東北線・蒲田駅より
バス「仲六郷 1 丁目」徒歩 1 分

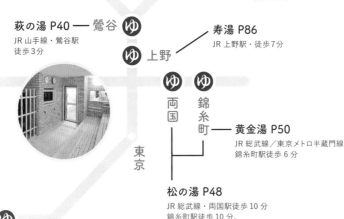

松本湯 P52
JR 総武線・東中野駅徒歩 8 分

森の湯 深大湯 P56
JR 中央線・三鷹駅／吉祥寺駅より
バス「山野」徒歩 1 分

池袋 新宿 東中野 吉祥寺 三鷹 八王子 阿佐ヶ谷 高円寺 渋谷 恵比寿

ゆ家 和ごころ 吉の湯 P54
JR 中央線高円寺駅より
バス「松ノ木住宅」徒歩 6 分
阿佐ヶ谷駅よりすぎ丸（杉並区コミュニティバス）
「浜田西子供園前」徒歩 12 分

稲荷湯 P58
JR 中央線・八王子駅徒歩 7 分

改良湯 P42
JR 山手線・渋谷駅／恵比寿駅
徒歩 12 分

改栄湯 P92
東京メトロ日比谷線・三ノ輪駅徒歩 3 分、
南千住駅徒歩 10 分

湯どんぶり 栄湯 P90
東京メトロ日比谷線・
三ノ輪駅徒歩 10 分

押上温泉 大黒湯 P94
東京メトロ半蔵門線・
都営地下鉄浅草線
押上駅徒歩 6 分

寿湯 P86
東京メトロ銀座線・
稲荷町駅徒歩2分

イーストランド P74
都営新宿線・篠崎駅
徒歩 15 分

松の湯 P48
東京メトロ半蔵門線・錦糸町駅徒歩 10 分、
錦糸町駅よりバス「緑3丁目」徒歩 2 分

黄金湯 P50
東京メトロ半蔵門線・錦糸町駅徒歩 6 分

♨ 東京メトロ 都営線

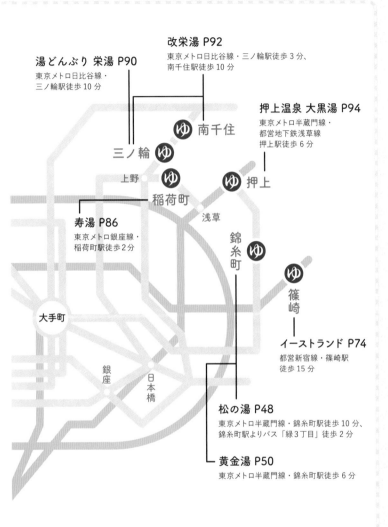

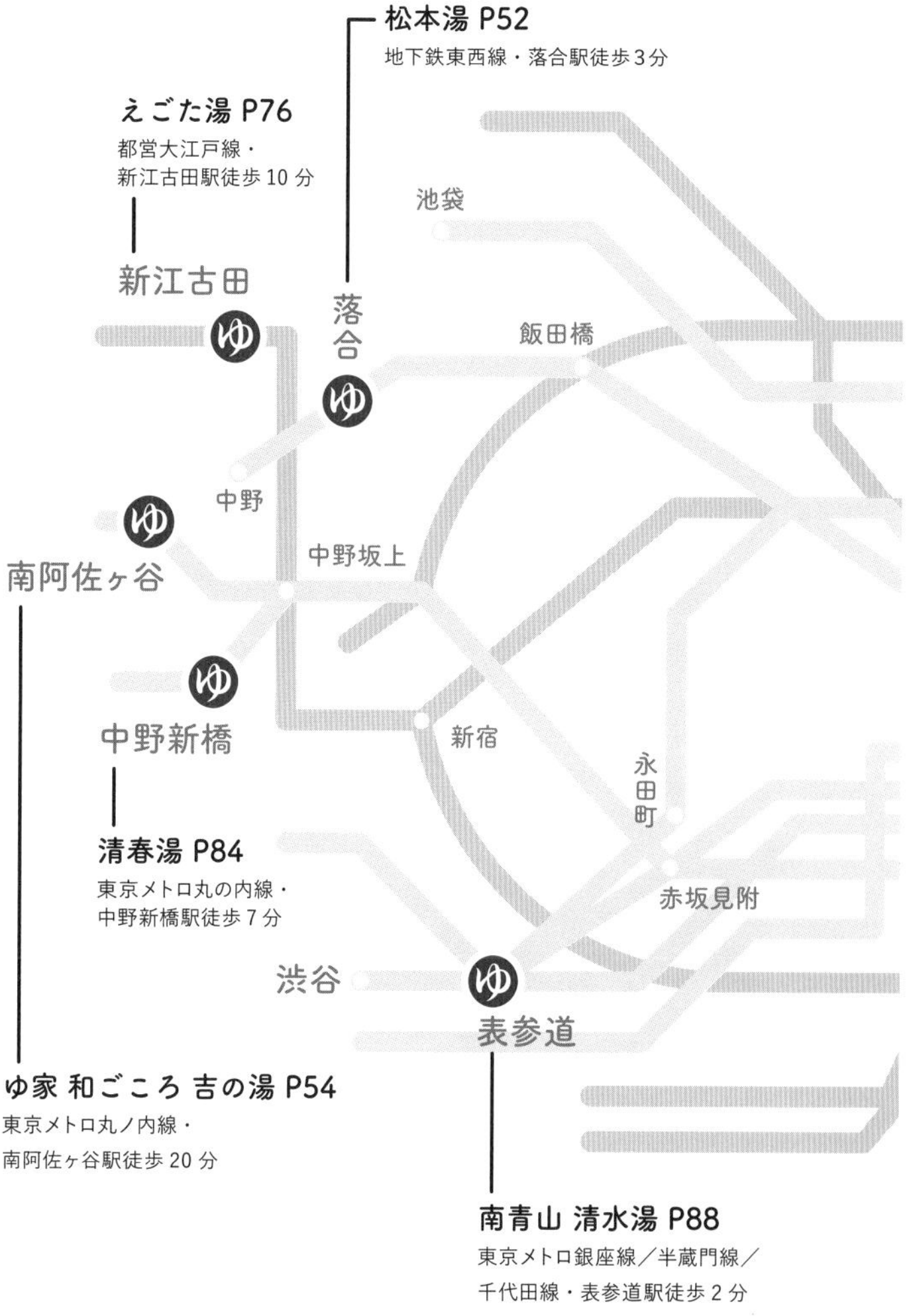
松本湯 P52
地下鉄東西線・落合駅徒歩3分
えごた湯 P76
都営大江戸線・
新江古田駅徒歩 10 分
新江古田
落合
池袋
飯田橋
中野
南阿佐ヶ谷
中野坂上
中野新橋
新宿
永田町
清春湯 P84
東京メトロ丸の内線・
中野新橋駅徒歩 7 分
赤坂見附
渋谷
表参道
ゆ家 和ごころ 吉の湯 P54
東京メトロ丸ノ内線・
南阿佐ヶ谷駅徒歩 20 分
南青山 清水湯 P88
東京メトロ銀座線／半蔵門線／
千代田線・表参道駅徒歩 2 分

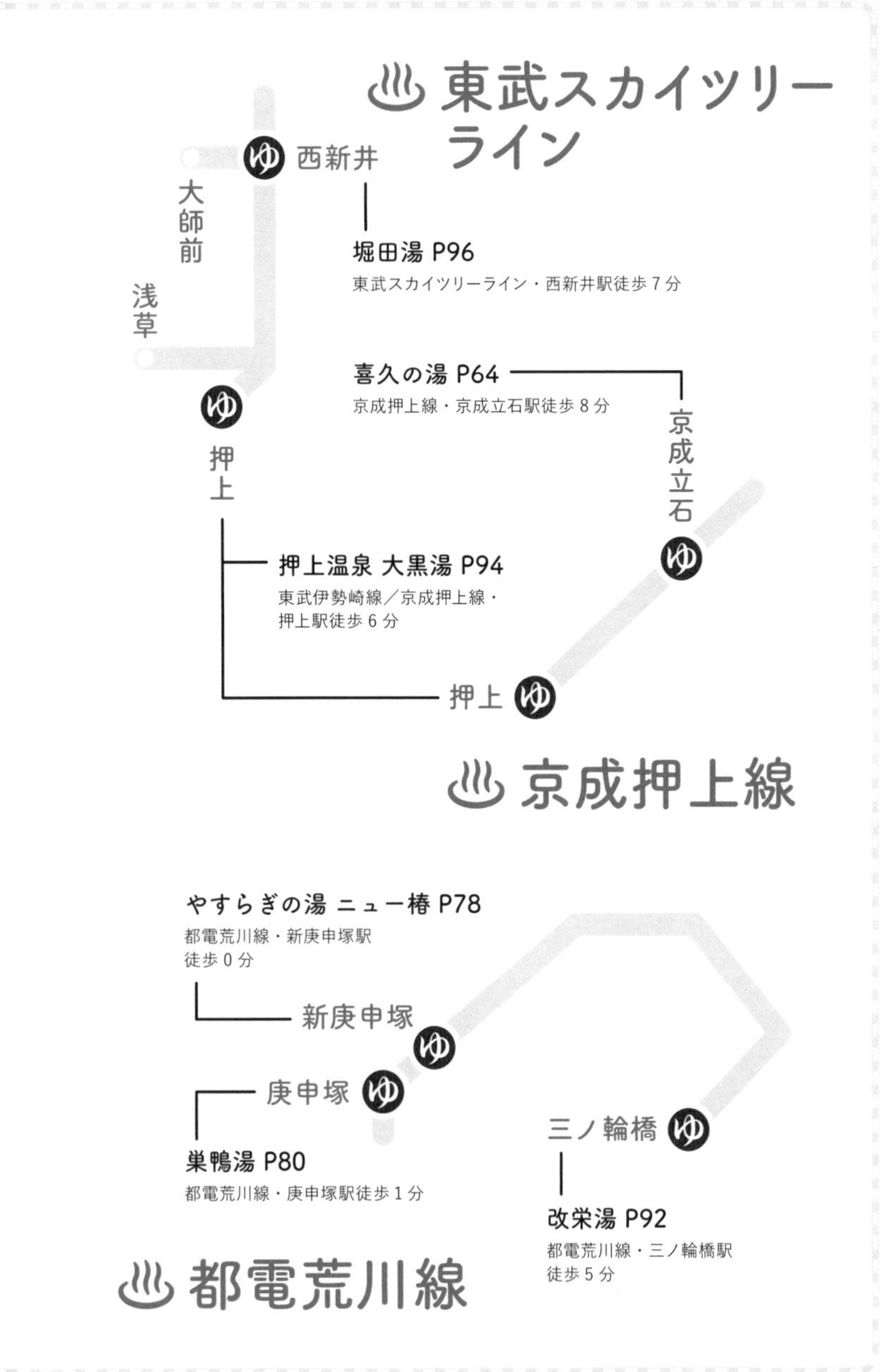
東武スカイツリーライン
西新井
大師前
浅草
押上
堀田湯 P96
東武スカイツリーライン・西新井駅徒歩7分
喜久の湯 P64
京成押上線・京成立石駅徒歩8分
京成立石
押上温泉 大黒湯 P94
東武伊勢崎線／京成押上線・
押上駅徒歩6分
押上
京成押上線
やすらぎの湯 ニュー椿 P78
都電荒川線・新庚申塚駅
徒歩0分
新庚申塚
庚申塚
巣鴨湯 P80
都電荒川線・庚申塚駅徒歩1分
三ノ輪橋
改栄湯 P92
都電荒川線・三ノ輪橋駅
徒歩5分
都電荒川線

京浜急行

品川

ヌーランドさがみ湯 P60

京浜急行・雑色駅徒歩 3 分

雑色

東急大井町線

宮城湯 P98

東急大井町線・下神明駅徒歩 5 分

下神明

大井町

東急池上線

池上

桜館湯 P82

東急池上線・池上駅徒歩 7 分

蒲田

♨ 京王線

ゆ家 和ごころ 吉の湯 P54
京王井の頭線・永福町駅よりバス「松ノ木住宅」徒歩6分
浜田山駅よりすぎ丸（杉並区コミュニティバス）「浜田西子供園前」徒歩12分
京王井の頭線・永福町駅徒歩23分／西永福駅徒歩21分

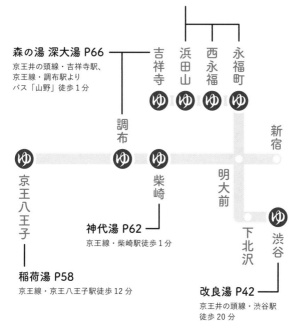

森の湯 深大湯 P66
京王井の頭線・吉祥寺駅、
京王線・調布駅より
バス「山野」徒歩1分

吉祥寺
浜田山
西永福
永福町
調布
新宿
明大前
京王八王子
柴崎
下北沢
渋谷

神代湯 P62
京王線・柴崎駅徒歩1分

稲荷湯 P58
京王線・京王八王子駅徒歩12分

改良湯 P42
京王井の頭線・渋谷駅
徒歩20分

町田
下北沢
新宿

大蔵湯 P66
小田急線・町田駅より
バス「滝の沢」徒歩3分

♨ 小田急線

♨ 西武線

五色湯 P72
西武池袋線・椎名町駅徒歩3分

妙法湯 68
西武池袋線・椎名町駅徒歩 2 分

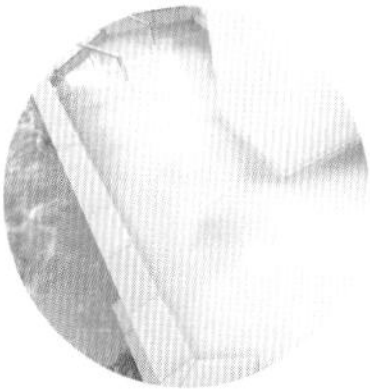

久松湯 P70
西武池袋線・桜台駅徒歩 5 分

桜台駅　椎名町

練馬　江古田　池袋

えごた湯 P76
西武新宿線・沼袋駅徒歩 12 分、
西武池袋線・江古田駅徒歩 15 分

沼袋　下落合

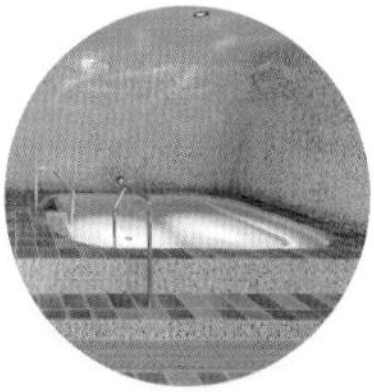

松本湯 P52
西武新宿線・下落合駅徒歩8分

西武新宿

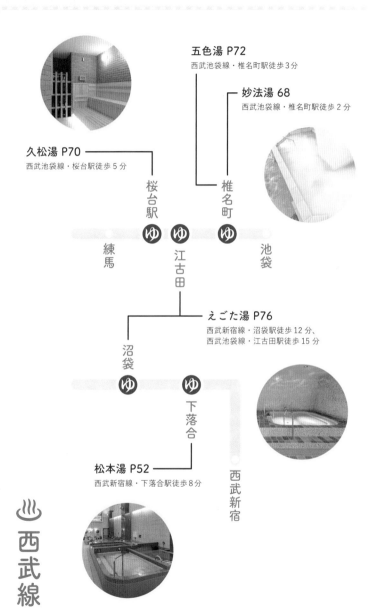

JR（山手線）
台東区

萩の湯

都内最大級の公衆浴場！レストランも本格的

２０１７年建て替えによるリニューアル。スーパー銭湯と見違えそうなほど大規模な都内最大級の公衆浴場。大型のガス遠赤高温サウナに大きな水風呂と外気浴スペース。女性にはミストサウナもあり。露天風呂に炭酸泉や変わり湯など湯船も充実。大型のレストランは食事やアルコールなどメニュー豊富で本格的。宴会もできる。朝風呂営業があり、深夜バス利用者が多く訪れているという。携帯電話の充電ができる貴重品入れがありがたい。（ヨモギダ）

♨ 萩の湯　台東区根岸 2-13-13

アクセス：JR 山手線・鶯谷駅徒歩 3 分

DATA

● **サウナ料金**

平日：250 円

土日祝：300 円

● **営業時間**

6〜9 時、11〜25 時

● **定休日**

第 3 火曜（祝日の場合は翌日休）

● URL

https://haginoyu.jp/

JR（山手線）
渋谷区

改良湯

東京銭湯サウナを代表する存在　オートロウリュに念願の外気浴！

２０１８年のリニューアル時にサウナーから絶大な支持を得て、さらに混雑緩和とより質の高いサウナを目指して昨年再リニューアル。サウナ室は14人定員となり、ストーブは遠赤外線からサウナストーンの対流式に。熱気と湿度のバランスが取れた室温90度で、20分に一度オートロウリュも行われるようになった。水風呂は13度でシャッキリ、そして念願の外気浴スペースも9席を新設。入場時に待つことも多いが、中に入ると案外スムーズ。（大木）

♨ 改良湯　渋谷区東 2-19-9

アクセス：JR 山手線・渋谷駅／恵比寿駅徒歩 12 分

DATA

サウナ料金

450 円（タオルセット付き）

営業時間

月～金：13～24 時

日祝：12～23 時

定休日

土曜

URL

https://kairyou-yu.com/

JR（京浜東北線）
北区

大黒湯

しっかり汗のかける老舗銭湯 休憩スペースも豊富！

昭和23年創業の老舗銭湯。古い施設だがしっかり清潔に保たれている。地下１３０ｍの地下水が最大の特徴。広くて深い男性用の水風呂は6人ほどが同時に入れる。10名ほど入れる男性用サウナは高温でしっかり発汗できる熱さ。女性用サウナはやや低めの設定でじっくり温めるタイプ。休憩用の椅子が多く用意されており、銭湯サウナでありがちな居場所がなくなるということがほぼ無い。男性のみ露天の外気浴スペースがある。（ヨモギダ）

♨ 大黒湯 北区上中里 2-31-12

アクセス：JR 京浜東北線・上中里駅徒歩 2 分

DATA

● サウナ料金
350 円
入浴券使用の場合：400 円

● 営業時間
平日土：15〜23 時
日祝：14〜23 時

● 定休日
火曜

● URL
https://daikokuyu-kaminakazato.com/

JR（京浜東北線）
北区

やなぎ湯

明るくにぎやかな銭湯に ストロングなサウナが誕生

昨年暮れにサウナ強化リニューアルを果たした銭湯。テレビ付きのサウナ室（定員15人）は100度越えの遠赤外線ストーブと、送風機能の付いたロウリュ用電気ストーブを設置。そのため20分ごとのオートロウリュには隅々まで熱気と湿度が届くようになった。16度の水風呂も深くなり、外気浴や内気浴も席多数、炭酸泉の露天風呂やシルク風呂など設備も超充実。生ビールやホッピーまで飲めるのが北区らしい。20時前が狙い目。（大木）

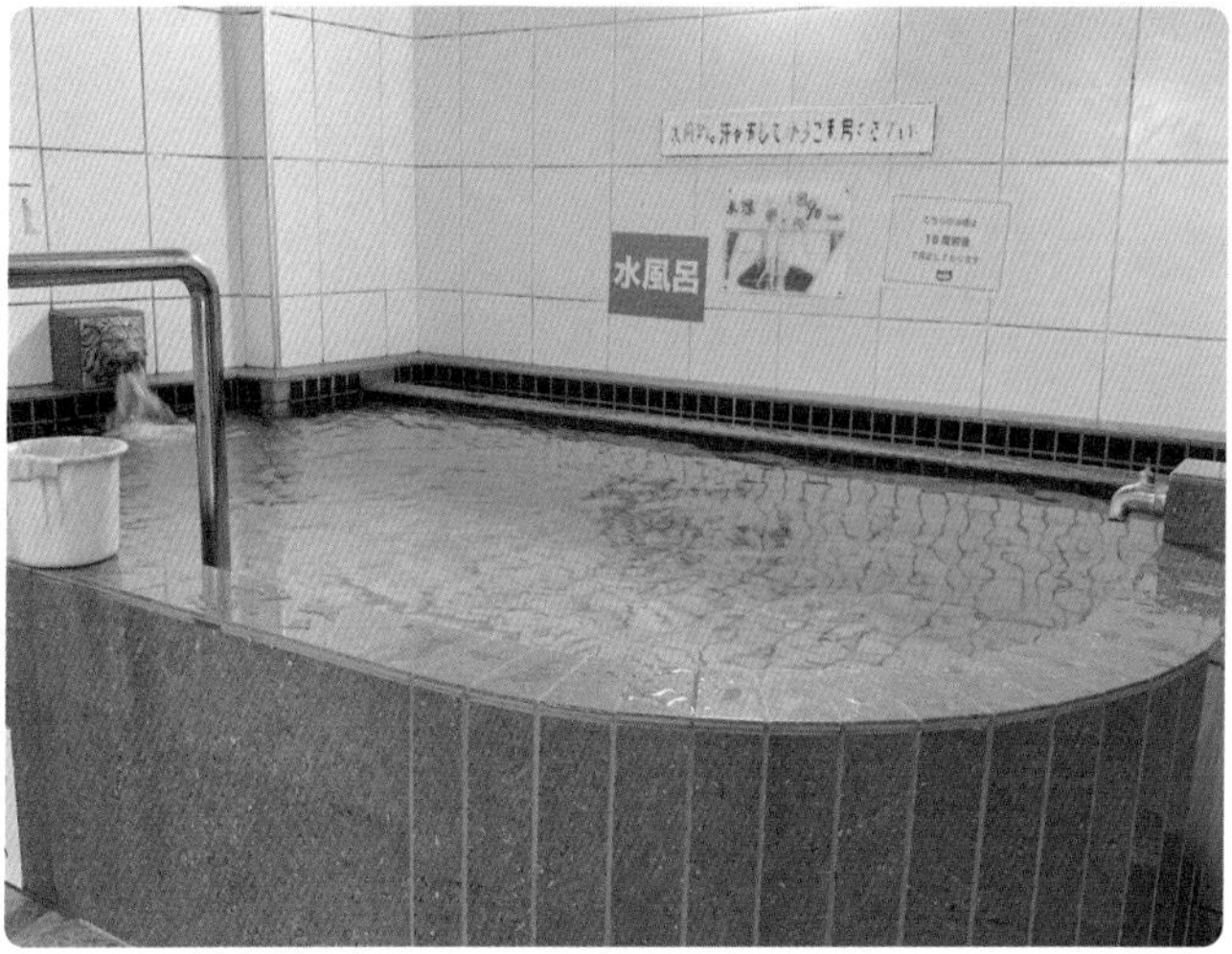

♨ やなぎ湯　北区東十条 3-5-15

アクセス：JR 京浜東北線・東十条駅徒歩 5 分

DATA

サウナ料金

500 円（タオルセット付き）

営業時間

14 時半〜23 時

定休日

月曜

URL

https://twitter.com/yanagiyu_1010

JR（総武線）
墨田区

松の湯

地元で愛される昔ながらの銭湯に熱くて香りのよいミストサウナ

両国と錦糸町の間の住宅街にぽつんとある銭湯。古くて小さいながらも地元民に愛されている。ミストサウナしか無いが、老朽化により制御不能となっており、熱い日は刺激的な熱さ（ぬるい日もある）。アロマのスプレーが用意されておりロウリュさながらの香りを楽しめる。水風呂は1人用で季節によるが冷たいときは痺れるほどに冷たい（ぬるい日もある）。サウナは無料でタオルも格安でレンタル可能。サウナ関連の書籍がたくさん置かれており店主のサウナへの情熱を感じる。（ヨモギダ）

♨ 松の湯　墨田区緑 3-4-6

アクセス：JR 総武線・両国駅徒歩 10 分、
JR 総武線／東京メトロ半蔵門線・錦糸町駅徒歩 10 分、
錦糸町駅よりバス「緑 3 丁目」徒歩 2 分

DATA

● **サウナ料金**

無料

● **営業時間**

15～24 時
日曜：8～13 時、15～24 時

● **定休日**

年中無休

● URL
http://matsuno-yu.com/

ＪＲ（総武線）
墨田区

黄金湯

銭湯らしさを残しつつ
サウナは超本格的作り

２０２０年にリニューアルを果たした都内屈指の人気を誇る銭湯。浴室は銭湯らしさを残しつつも、銭湯絵の奥に進むとガラリと雰囲気が変わる。男湯は10人以上収容できる対流式サウナなので、１００度越えでも痛い熱さはなし。オートロウリュは15分に一度（女湯はセルフロウリュ。毎週水曜日は女性が男湯側）。気持ち良く汗をかいた後はサ室の前にある大きく深い冷え冷え水風呂へ。その先にはととのい椅子7脚＋ベンチの広い外気浴スペースが。フロントではクラフトビールも飲める。（大木）

Photograph credit : Yurika Kono

♨ 黄金湯　墨田区太平 4-14-6

アクセス：JR 総武線／東京メトロ半蔵門線・錦糸町駅徒歩 6 分

DATA

サウナ料金

男性：平日 500 円、土日 550 円
女性：平日 300 円、土日 350 円
貸しタオルセット：200 円

営業時間

平日・日祝：6〜9 時、11〜24 時半
土：6〜9 時、15〜24 時半

定休日

第 2、第 4 月曜

URL
https://koganeyu.com/

JR（総武線）
中野区

松本湯

サウナも水風呂も浴室も心地良さにこだわる人気銭湯

２０２１年リニューアル。７割がサウナ利用という都内屈指の人気銭湯。20人収容のサウナ室は、専門施設にも決して引けを取らない心地良い温度（92度）と湿度のセッティング。オートロウリュは毎時10分・30分・50分の3回で、店主のオススメはロウリュ直後とのこと。水風呂は16度の水深１５０㎝のため一気に引き締まり、琉球畳やととのい椅子、ベンチなど休憩場所も豊富。混んでいてもストレスを感じることは少ない。（大木）

♨ 松本湯　中野区東中野 5-29-12

アクセス：JR 総武線・東中野駅徒歩８分、地下鉄東西線・落合駅徒歩３分、
西武新宿線・下落合駅徒歩８分

DATA

● **サウナ料金**
500 円（バスタオル付き。貸しタオルは別途 50 円）

● **営業時間**
平日土：14～24 時
日：8～12 時、15 時～24 時

● **定休日**
木曜
（祝日の場合は営業。翌日振替休日）

● URL
https://www.matsumoto-yu.com/

JR（中央線）
杉並区

ゆ家 和ごころ 吉の湯

短い導線でサウナ・水風呂・外気浴をリピート！　ドラマにも登場の人気施設

杉並区の住宅街真ん中にある銭湯。ドラマの舞台になった事もあり人気の施設。最寄り駅からは徒歩20分以上かかり、バスを利用するのが良い。サウナや水風呂が全て露天エリアにありサウナ、水風呂、外気浴の繰り返しが短い導線でできる。サウナ室は男女共にガス遠赤のコンフォートサウナで高温高湿。水風呂はバイブラがあり温度計が示す温度以上に体感では冷たい。毎週水曜と土曜、露天の壺湯が麻布竹の湯から運ばれた黒湯の天然温泉になる。（ヨモギダ）

♨ ゆ家 和ごころ 吉の湯　杉並区成田東 1-14-7

アクセス：
JR 中央線高円寺駅よりバス「松ノ木住宅」徒歩 6 分
京王井の頭線・永福町駅よりバス「松ノ木住宅」徒歩 6 分
浜田山駅／阿佐ヶ谷駅よりすぎ丸（杉並区コミュニティバス）「浜田西子供園前」徒歩 12 分
東京メトロ丸ノ内線・南阿佐ヶ谷駅徒歩 20 分
京王井の頭線・永福町駅徒歩 23 分／西永福駅徒歩 21 分

DATA

サウナ料金
2 時間 500 円／入浴券使用の場合：2 時間 550 円

営業時間
火～金：13～22 時
土日：8～11 時、13～22 時

定休日
月曜

URL
http://yoshinoyu.sakura.ne.jp/

JR（中央線）
調布市

湯の森 深大湯

レジャー感覚でゆったり楽しめる郊外ならではの大型銭湯

三鷹から調布に向かう途中にある大型銭湯。大型駐車場があり郊外型銭湯といった趣きの施設。男女入れ替え制の浴室のサウナはガス遠赤とロッキーサウナでどちらも過剰ではなく程よい設定。露天スペースからは富士山が見える事もある。水風呂は冷たくないが清々しさがあり、豊富な浴槽と合わせてじっくり時間を掛けて楽しみたい。都内にありながらゆったりした時間の流れるレジャー感覚で利用できる銭湯サウナ。（ヨモギダ）

♨ 湯の森 深大湯　調布市深大寺北町 6-17-3

アクセス：JR 中央線・三鷹駅、JR 中央線／京王井の頭線・吉祥寺駅、
京王線・調布駅よりバス「山野」徒歩 1 分

DATA

● **サウナ料金**

250 円

● **営業時間**

15〜23 時
日曜：13〜23 時

● **定休日**

木曜および第三水曜

● URL
http://jindaiyu.web.fc2.com/

JR（中央線）
八王子市

稲荷湯

広々としたサウナ室に露天スペース
サウナ以外の設備も充実の楽しい銭湯

八王子駅の繁華街とは反対側の閑静な地域に佇むモダンな銭湯。2階建てで1階は和風、2階は欧風になっており、日替わりで男湯と女湯が入れ替わる。サウナ室は1階がドライサウナ、2階は数分おきにオートロウリュの入るロッキーサウナで、いずれも広々。1、2階ともに露天風呂があり、休憩スペースも広いのが嬉しい。日替わりの薬湯や酸素カプセルなどサウナ以外の設備も充実。（大久保）

♨ 稲荷湯 八王子市子安町 1-27-20

アクセス：JR 中央線・八王子駅徒歩 7 分、京王線・京王八王子駅徒歩 12 分

DATA

サウナ料金

300 円

営業時間

14 ～ 23 時半

定休日

水曜（祝日の場合は翌日休）

URL
http://h-inariyu.com/

JR（京浜東北線）
大田区

サウナは熱く水風呂は冷たい　コアなファンに愛される硬派サウナ

黒湯天然温泉ヌーランドさがみ湯

大田区の雑色駅の商店街を少し進んだところにある大型の銭湯施設。広い浴室には大きなサウナと露天スペース。高温のサウナは男女共にしっかり熱く硬派な設定。水風呂は10度前後で非常に冷たく、通好みなセッティングで遠方から駆けつけるコアなファンが多い。浴室の他にリラクゼーションルームやレストラン、90名収容の大宴会場やカラオケのある個室、貸しスタジオ、庭園など多目的に利用できる。（ヨモギダ）

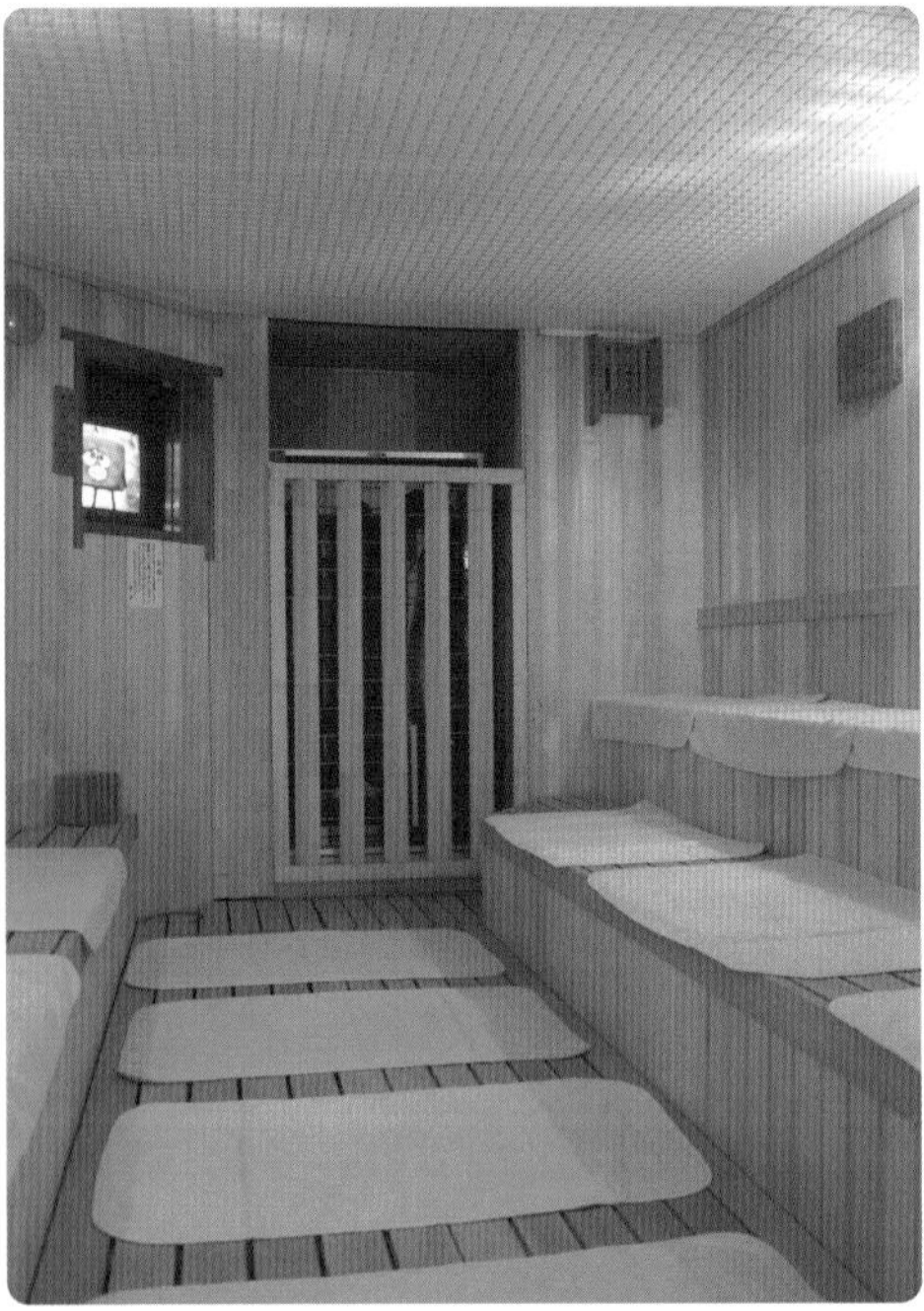

♨ 黒湯天然温泉ヌーランドさがみ湯　大田区仲六郷 2-7-5

アクセス：京浜急行・雑色駅徒歩 3 分、
JR 京浜東北線・蒲田駅よりバス「仲六郷 1 丁目」徒歩 1 分

DATA

● **サウナ料金**
300 円（タオル付き）

● **営業時間**
10〜23 時

● **定休日**
年中無休
（火曜は入浴以外の施設は休業）

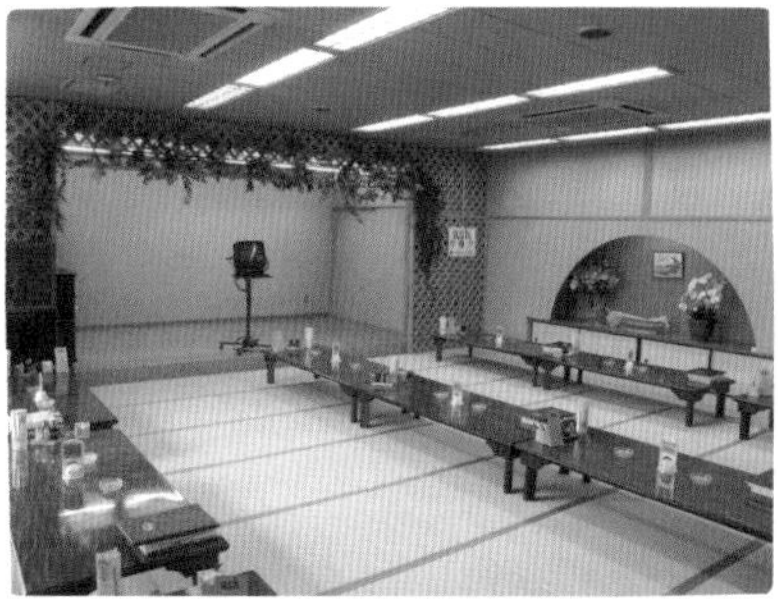

● URL
http://nu-land.com/

京王線
調布市

神代湯

細かいところまで気遣いの嬉しい駅チカ銭湯
入浴後には美味しい生ビールも！

まずは駅からの近さが嬉しい。サウナ室の入り口脇にはサウナハットかけも。サウナ室の座席は2段で10人ほどは入れるが、コロナ禍では6人までに制限中。露天スペースには足置きにちょうどいい石がありリラックスできる。露天以外にも浴室内のあちこちに休憩できるスペースあり。水風呂は銭湯としては広くて深め（65㎝）でバイブラもあり。入浴後にはドラフトマスターの入れる生ビールも楽しめる。（大久保）

♨ 神代湯 調布市菊野台 1-13-1

アクセス：京王線・柴崎駅徒歩 1 分

DATA

サウナ料金

250 円（タオルセット付き）

営業時間

14～23 時

定休日

水曜

URL
https://www.jindaiyu.jp/

京成押上線
葛飾区

喜久の湯

サウナ料金無料が嬉しい　下町の小さな銭湯

京成立石駅から住宅街に入った辺りにある昔ながらの銭湯。外観は古いが施設内はとても綺麗に保たれている。ガス遠赤の高温サウナはリニューアルされており、サウナマットもこまめに交換されていて銭湯サウナではなかなか無い清潔感。水風呂は定員2名ほどであまり大きくないが地下水掛け流しでとても清々しい。休憩用の椅子も用意されている。これだけ充実のサウナ環境ながらサウナ代無料なのが驚き。立石の飲み屋とセットで利用したい。（ヨモギダ）

♨ 喜久の湯　葛飾区東立石 2-21-16

アクセス：京成押上線・京成立石駅徒歩 8 分

DATA

● **サウナ料金**

無料

● **営業時間**

15～23 時

● **定休日**

金曜

● URL

https://twitter.com/kmaosghii

小田急線
町田市

大蔵湯

シンプルで和モダンな木造銭湯
幽玄な雰囲気がととのいを誘う

2016年リニューアル。スーパー銭湯が多い地域にあって、シンプルであることにこだわった木造の和モダン銭湯。天然井水を特別な装置で軟水化、総檜風呂はゆるめ、あつめ（44度）、水風呂（18度）の3種類に絞り、バイブラもないので静か。サウナは95度で6人定員とコンパクトだが、目の前に水風呂、すぐ横には座る場所もあり、窓を開ければプチ外気浴もできる（女湯は外気浴あり）。幽玄な雰囲気がととのいを誘う。（大木）

♨ 大蔵湯　町田市木曽町５２２

アクセス：小田急線・町田駅よりバス「滝の沢」徒歩３分、
JR 横浜線・古淵駅徒歩 15 分

DATA

● サウナ料金
260 円（タオル、バスタオル、あかすりタオル付き）

● 営業時間

14〜23 時

● 定休日
金曜日

● URL
http://ookurayu.com/

西武池袋線
豊島区

妙法湯

水にこだわった軟水銭湯
そしてサウナは超アチアチ！

２０１９年リニューアル。水にこだわり、地下水を軟水化。炭酸ガスを溶け込ませ、マイクロナノバブルを発生させた「軟水炭酸シルキーバス」が身体の内側と外側の両方を美しくしてくれる。サウナ室は３人×２段の６人収容。高出力の遠赤外線ストーブがガッツリ熱を放出するので、室内は１１０度（女湯は１００度）と超アチアチ。男湯の水風呂は16度でひとつの浴槽に浅めと深め（１００㎝）がある面白いタイプ。アクセスと設備の良さ、店主の人柄により、若者が集る明るくにぎやかな銭湯。イベントも頻繁に開催している。（大木）

♨ 妙法湯　豊島区西池袋 4 -32- 4

アクセス：西武池袋線・椎名町駅徒歩 2 分

DATA

● サウナ料金

350 円（タオルセット付き）

● 営業時間

15～25 時

● 定休日

月曜

● URL
https://myohoyu.com/

西武池袋線
練馬区

広く明るい浴室に天然温泉　よき水風呂と風そよぐ外気浴

天然温泉　久松湯

美術館のような外観が注目されがちだが、施設自体も素晴らしい人気銭湯。広く明るい浴室内は地下１５００ｍから汲み上げる天然温泉が贅沢に使われている。熱すぎずぬるすぎない93度のサウナ室は12人収容でテレビあり。出てすぐのところには深めの水風呂があり、水温16度でシャッキリ水の良さを感じさせる。屋外スペースは屋根なし。露天風呂のそばにある庭の縁に座れば、そよぐ風や陽の光が心地良くととのい必至！（大木）

♨ 久松湯　練馬区桜台 4-32-15

アクセス：西武池袋線・桜台駅徒歩 5 分

DATA

● **サウナ料金**

550 円（タオルセット付き）

● **営業時間**

11～23 時

● **定休日**

火曜

● URL
https://www.hisamatsuyu.jp/

西武池袋線
豊島区

五色湯

和モダンで熱々サウナに外気浴 ホスピタリティ高い作りに感心

昨年9月リニューアル。ビル型銭湯ながら各所に肌触りの良い木材を使用しており、落ち着いた雰囲気。サウナ室は座面2段の10人定員（女湯は8人）。遠赤外線ストーブで１００度（女湯は90度）になるので心地良く熱々になれる。水風呂は16度。深めで地下水だからしっかり冷え冷え。そして外気浴5席に内気浴3席と休憩スペースも充実。サウナー用の小物置きや広めのロッカーやカランなど、ホスピタリティの高い作りに感心。（大木）

♨ 五色湯　豊島区目白 5-21-4

アクセス：西武池袋線・椎名町駅徒歩 3 分

DATA

● サウナ料金

400 円（タオルセット付き）

● 営業時間

月火木金：16〜24 時

土日：15 時〜24 時

● 定休日

水曜

● URL

https://goshikiyu.jpn.com/

江戸川区
都営新宿線

イーストランド

隅々まで居心地の良い空間に
強力なサウナと肌ざわりの柔らかい水風呂

東京の東端江戸川区篠崎にある2015年にリニューアルされた人気のデザイナーズ銭湯。浴室は開放感がありモダンなデザインでお洒落。サウナはガス遠赤の高温で短い時間でも発汗できる。水風呂は地下水で軟水を売りにしており肌当たりが柔らかく、弱めのバイブラが心地よい。露天スペースでは外気浴用の椅子、脱衣所には縁側がありどちらで休憩しても快適。不思議と混んでいても居心地が悪くならない空間なのが素晴らしい。（ヨモギダ）

♨ イーストランド　江戸川区西篠崎 2-23-1

アクセス：都営新宿線・篠崎駅徒歩 15 分

DATA

● **サウナ料金**

400 円

● **営業時間**

14 時半～23 時

● **定休日**

月曜（祝日の場合は翌日休）

● URL

https://eastland.jp/

都電荒川線
中野区

えごた湯

１００度越えサウナと洞窟水風呂 低温炭酸泉でまったりととのう

２０２１年のリニューアルでサウナを設置。照明を抑え幻想的な雰囲気となった。サウナ室は９人（女湯８人）で常時１００度は越えているが、ジャズが流れ落ち着いた雰囲気。青い洞窟のような水風呂は水深１２０㎝15度。その後は30度強という低め設定の炭酸泉で寝湯のようにまったり浸かってととのうのが定番コース。さらに浴室内外に休憩場所あり。フロントでは生ビールをはじめ、アルコールメニューが豊富なのも嬉しい。

♨ えごた湯　中野区江古田 3-5-12

アクセス：都営大江戸線・新江古田駅徒歩 10 分、西武新宿線・沼袋駅徒歩 12 分、西武池袋線・江古田駅徒歩 15 分

DATA

● **サウナ料金**
300 円（大小タオル付き）

● **営業時間**
15〜24 時

● **定休日**
月曜

● URL
https://egotayu.com/

都電荒川線
豊島区

やすらぎの湯 ニュー椿

2種類のサウナに水風呂に露天と贅沢な空間

ビル一軒まるごと銭湯。広いサウナ専用スペースが存在し、3階がハープサウナ（テレビ付き6人定員）とロッキーサウナ（10人定員、6分に一度のオートロウリュ）、2階が塩サウナ（5人定員）と遠赤のカラカラサウナ（8人定員、テレビ付き）。どのサ室も90度程度で狭さは感じない。各階に水風呂が2つずつ、さらに露天と休憩スペースも多数あり贅沢な空間だ。入れ替え制で、奇数日が3階女性2階男性、偶数日が3階男性2階女性。広めの3階が人気。

♨やすらぎの湯 ニュー椿 豊島区巣鴨5-20-3

アクセス：都電荒川線・新庚申塚駅徒歩0分

DATA

●サウナ料金

800円（タオルセット付き）

手ぶらサウナ：900円（タオルセット、リンスインシャンプー、ボディソープ付き）

※サウナは共通入浴券との差額精算不可

●営業時間

15～24時

●定休日

木曜

●URL
https://www.1010.or.jp/map/item/item-cnt-548

都電荒川線
豊島区

巣鴨湯

最新の東京銭湯はサウナも最新 オケシャンロウリュに外気浴！

昨年10月完全リニューアル。サウナ室は3段（最上段は96度）で定員10人。サウナストーブ上にある銅でできた桶から熱湯が落ちる「オケシャンロウリュ」が人気。16度の水風呂の隣には30度の美泡の湯があり、ここで蕩けることもできる。男湯には椅子7脚の外気浴スペースあり（女湯は内気浴）。脱衣所・浴室（！）が琉球畳で滑りにくく冷えを感じなかったり、ボディドライヤーが設置されていたりと、空間を上手く使った新たな試みが楽しい。（大木）

♨ 巣鴨湯　豊島区巣鴨 4-13-9

アクセス：都電荒川線・庚申塚駅徒歩 1 分

DATA

● **サウナ料金**

タオルセット付き：550 円

タオルなし：450 円

● **営業時間**

月水木金：15〜24 時

土日：12〜24 時

● **定休日**

火曜

● URL

https://twitter.com/Sugamoyu_1010

東急池上線
大田区

桜館

天然温泉で展望風呂にサウナ！水風呂キンキンで食事処もあり

年中無休で早めの時間から深夜まで営業している天然温泉。壱の湯（16人定員サウナ、スチームサウナ、水風呂、黒湯、展望風呂など）と弐の湯（18人定員サウナ、露天風呂、黒湯、水風呂など）があり、月前半は女性が壱の湯、男性が弐の湯で後半は入れ替わる。水風呂がとにかく冷たいと評判で、天候や季節でやっていないこともあるが、サウナ後の展望風呂は格別でととのうこと間違いなし。2階には食事処もあるのでサ飯を楽しめる。（大木）

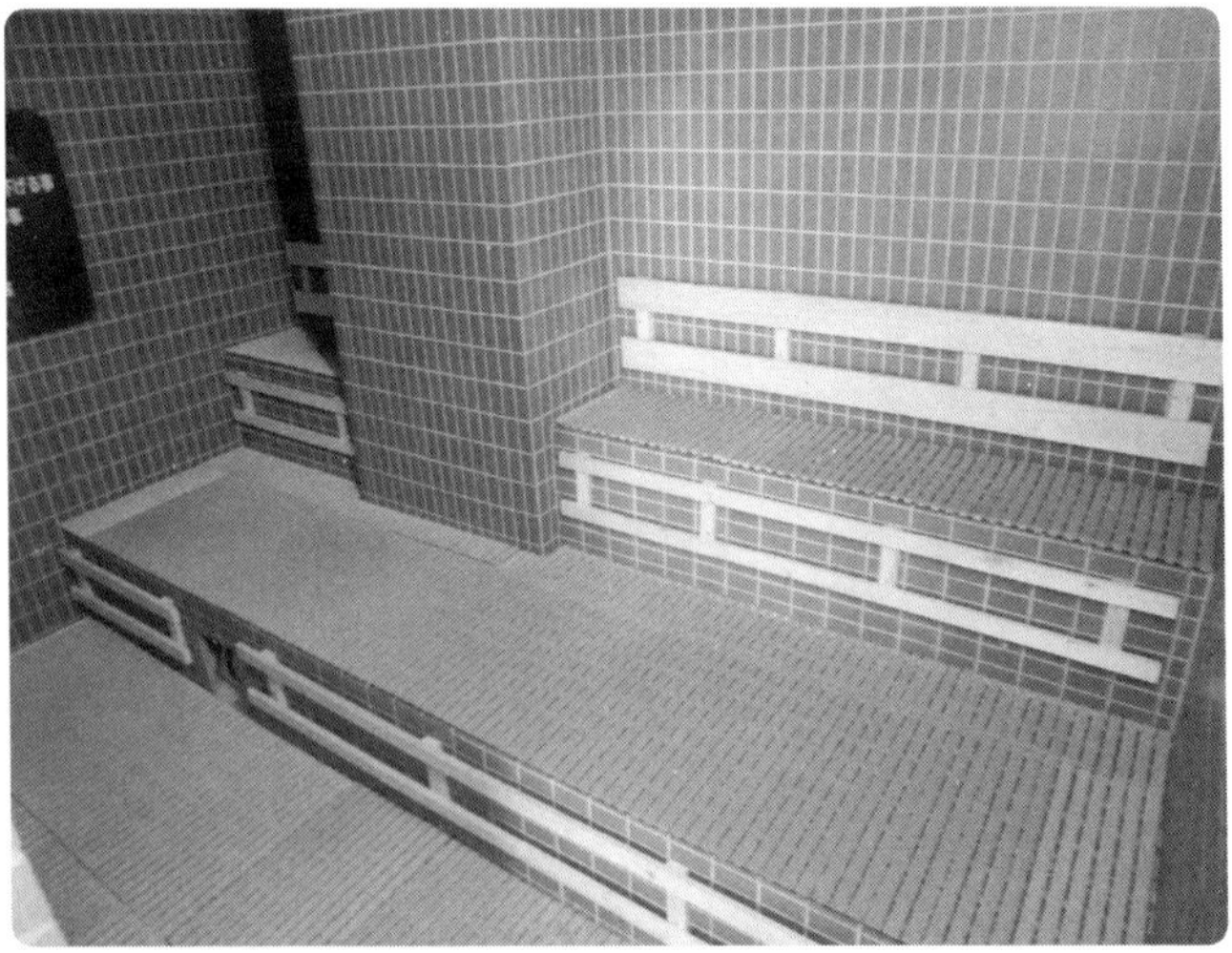

♨ 桜館　大田区池上 6-35-5

アクセス：東急池上線・池上駅徒歩 7 分

DATA

● **サウナ料金**

100 円（タオル付き）

● **営業時間**

月〜金：12〜25 時

土日祝：10〜25 時

● **定休日**

無休

● URL

http://sakurakan.biz/

東京メトロ
中野区

清春湯

木の香りも心地よし　水風呂の冷たさは都内最強クラス！

住宅地の真ん中にある小ぢんまりとした銭湯だが、水風呂の冷たさで以前から有名。リニューアルでチラーを強化したので今ではさらに冷たく時間帯によっては9度まで下がることも。サウナ室もリニューアルでボナサウナになってパワーアップ（女湯はスチーム）。ジェットバスも都内の銭湯では最強クラス。休憩スペースはないものの露天スペースもあり。営業時間は26時までと、深夜まで営業しているのも嬉しい。（大久保）

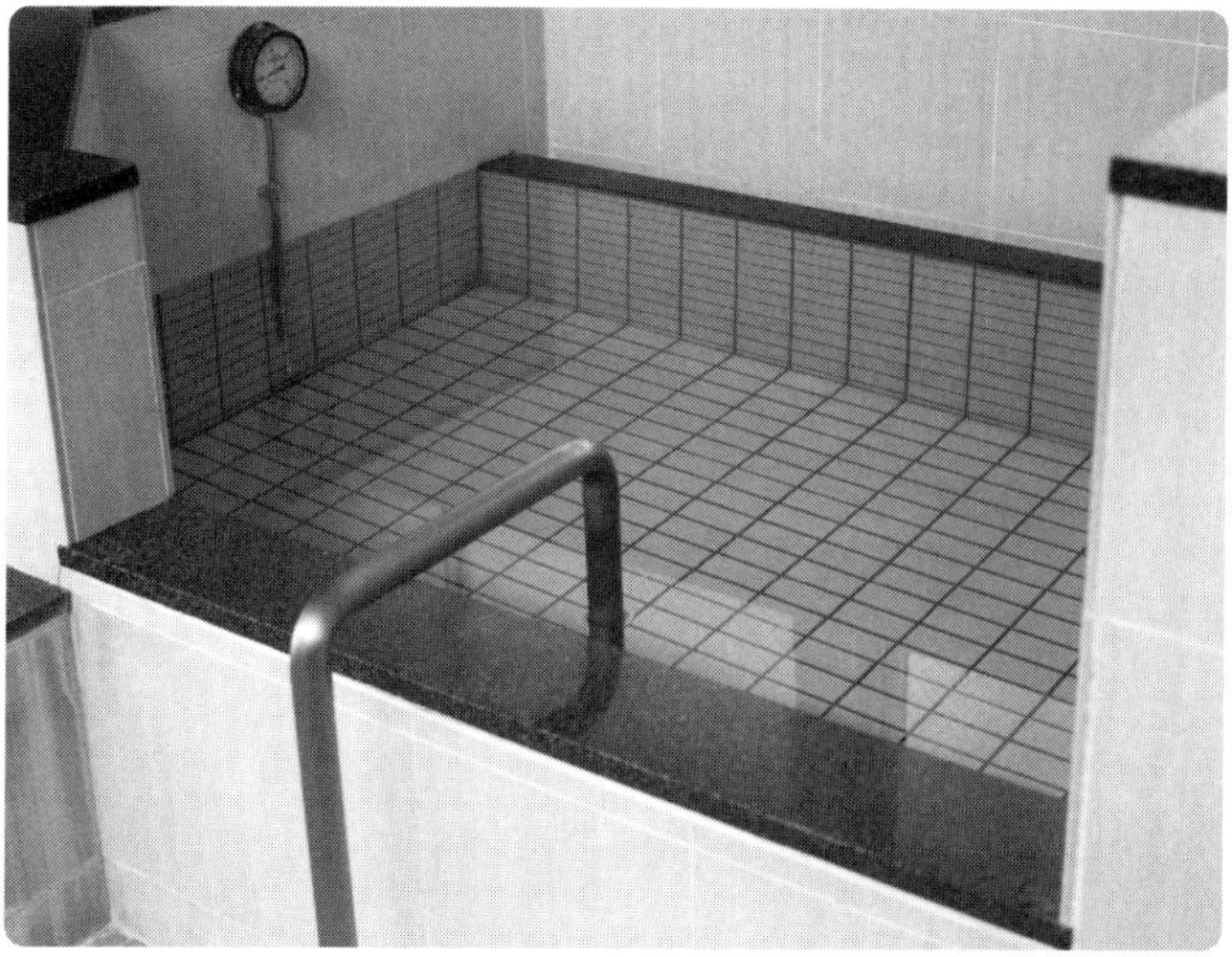

♨ 清春湯　中野区弥生町 2-1-9

アクセス：東京メトロ丸の内線・中野新橋駅徒歩 7 分

DATA

● サウナ料金

300 円

● 営業時間

15 時半～26 時

● 定休日

不定休

● URL
https://itp.ne.jp/info/134951221187051760/

東京メトロ
台東区

寿湯

大都会の真ん中に広い露天風呂 そして2種類のサウナと水風呂

昔ながらの木造銭湯建築を大胆にリニューアルし、楽しさ溢れる銭湯。都内最大級の広さを誇る露天風呂に、白湯、薬湯、サウナがドライ（１０２度・８人収容）と湿度高めの塩の2種類、さらに水風呂もぬるめの露天と冷え冷えの洞窟の2種類があるという充実ぶり（女湯はサウナ、水風呂とも1種類）。露天風呂のそばにはイスが10席もあり、思う存分外気浴を堪能できる。変わり湯などのイベントも頻繁に行われており、行けば元気がもらえること間違いなし。（大木）

♨ 寿湯　台東区東上野 5-4-17

アクセス：東京メトロ銀座線・稲荷町駅徒歩２分、JR 上野駅・徒歩７分

DATA

● **サウナ料金**

300 円

● **営業時間**

11〜25 時半

● **定休日**

第 3 木曜

● URL
http://www7.plala.or.jp/iiyudana/

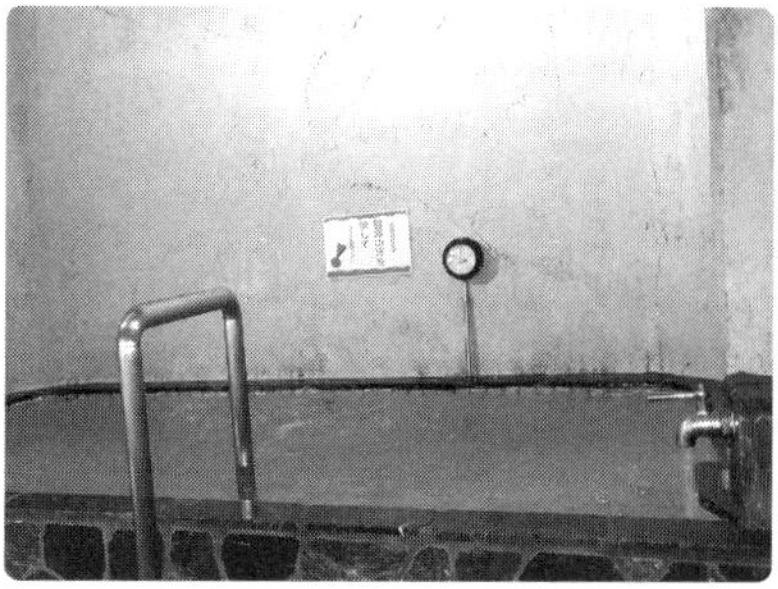

東京メトロ
港区

南青山　清水湯

お洒落な街のスタイリッシュ銭湯でしっかり汗をかく

表参道駅からすぐ南青山の２４６から少し路地に入った一等地にある銭湯。創業から１００年以上経つという。２００９年にリニューアルされた浴室はお洒落な街に相応しい明るくスタイリッシュなデザイン。男性側のガス遠赤のコンフォートサウナは湿度が高く発汗が早い。女性側はロッキーサウナでややマイルドな設定でじっくり入りたい。水風呂を含めた浴槽は全て軟水を使用している。炭酸泉やシルク風呂などもある。ランステ利用者も多い。（ヨモギダ）

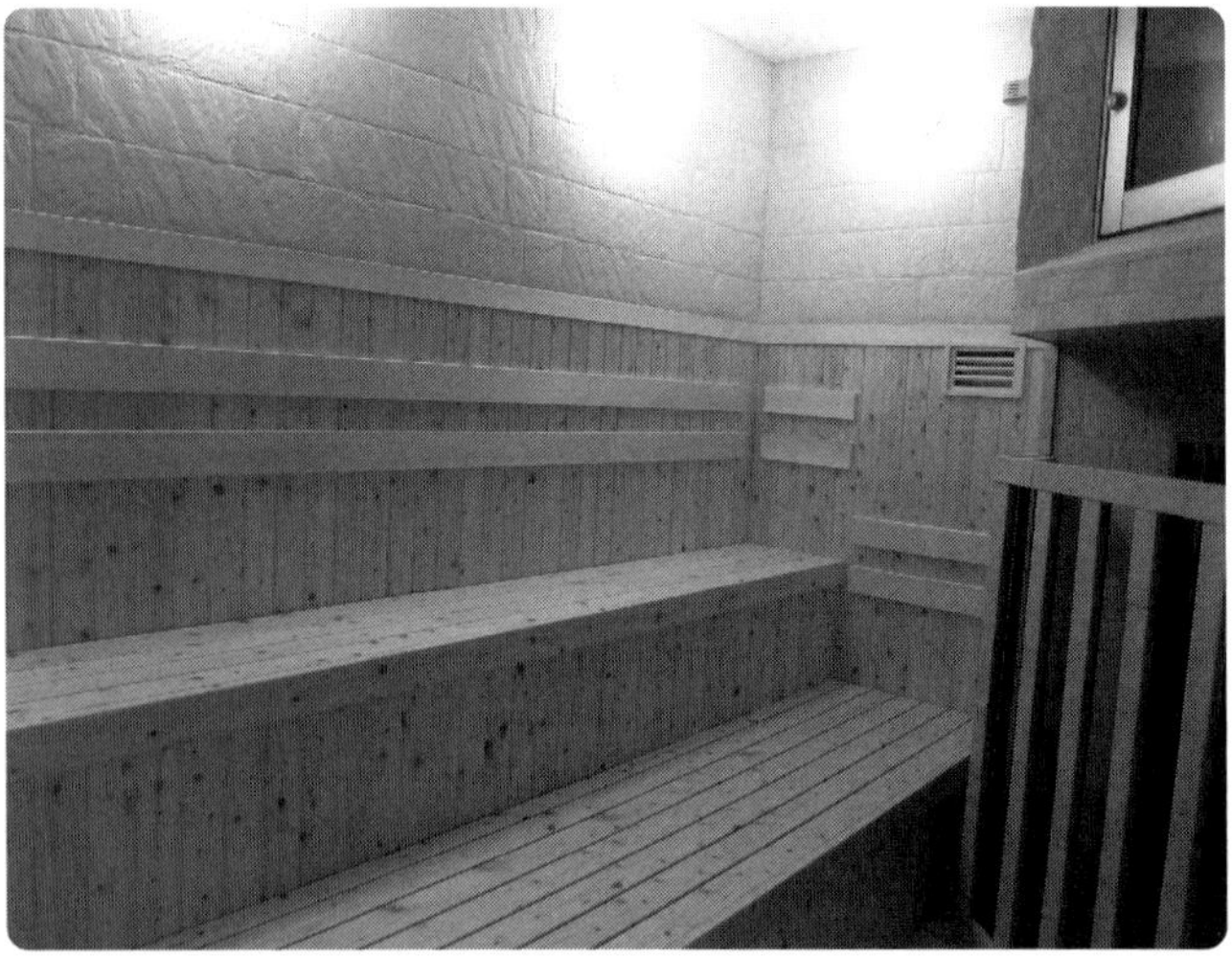

♨ 南青山 清水湯　港区南青山 3-12-3

アクセス：東京メトロ銀座線／半蔵門線／千代田線・表参道駅 A4 出口徒歩 2 分

DATA

● サウナ料金

560 円

バスタオル・フェイスタオル・ボディソープ・シャンプー・リンス付き：760 円

入浴券持参の方：600 円

● 営業時間

平日：12〜24 時

土日祝：12〜23 時

● 定休日

金曜

● URL

https://shimizuyu.jp/

東京メトロ
台東区

湯どんぶり 栄湯

利用者目線で進化を続ける エコにも熱心な天然温泉

あしたのジョーの舞台になった山谷からほど近い場所にある銭湯。以前はドヤ街のイメージがあったが今は健全な街になっている。２０１７年に大型リニューアルし温泉認定と露天風呂を新設。ガスに加えて独自のソーラーシステムで太陽光でも湯を沸かしていて、照明は全てＬＥＤとエコへの取り組みに積極的。岩塩を使用した高温サウナと、美泡水風呂と命名されたバイブラの水風呂に外気浴スペース。こまめに改装しており利用者目線で作られた印象が強い施設。（ヨモギダ）

♨湯どんぶり 栄湯　台東区日本堤 1-4-5

アクセス：東京メトロ日比谷線・三ノ輪駅徒歩 10 分

DATA

● **サウナ料金**

500 円

● **営業時間**

平日土：14～23 時

日祝：12～23 時

● **定休日**

水曜

● URL

http://sakaeyu.com/

東京メトロ
台東区

改栄湯

リニューアルでパワーアップ！導線も素晴らしい快適施設

台東区の三ノ輪駅や三ノ輪橋駅からすぐ近くの立地ながら落ち着いた住宅街にある銭湯。２０２０年に大幅リニューアル。２０２２年にはサウナを改装。ガス遠赤ストーブにロウリュ用サウナストーブが増設され20分毎にオートロウリュが実施されている。水風呂は深めでしっかり冷たい。サウナと水風呂、サウナ利用者専用外気浴スペースは全て露天にあり導線が素晴らしい。スタッフがこまめに巡回や清掃をしており、とても快適。（ヨモギダ）

♨ 改栄湯 台東区三ノ輪 2-10-15

アクセス：東京メトロ日比谷・線三ノ輪駅徒歩 3 分、都電荒川線・三ノ輪橋駅徒歩 5 分、JR 常磐線／ TX（つくばエクスプレス）／東京メトロ日比谷線・南千住駅徒歩 10 分

DATA

● **サウナ料金**
男湯：600 円
女湯：400 円

● **営業時間**
月～木：14～24 時
土日：12～24 時

● **定休日**
金曜

● URL
https://kaieiyu.com/

東京メトロ
墨田区

押上温泉 大黒湯

スカイツリーそばで朝まで営業！ハンモックでゆったりの外気浴

スカイツリーや業平公園近くにある人気の銭湯。最大の特徴は何といっても深夜営業。夕方から翌朝10時まで営業している。男女入れ替え制の浴室はどちらにも遠赤外線サウナがあり大露天側の浴室にはスチーム塩サウナもある。スカイツリーの見える露天のウッドデッキにハンモックがありここにしか無い外気浴が体験できる。古い施設だが東京ならではの銭湯という視点では一度利用してみる価値があるだろう。（大木）

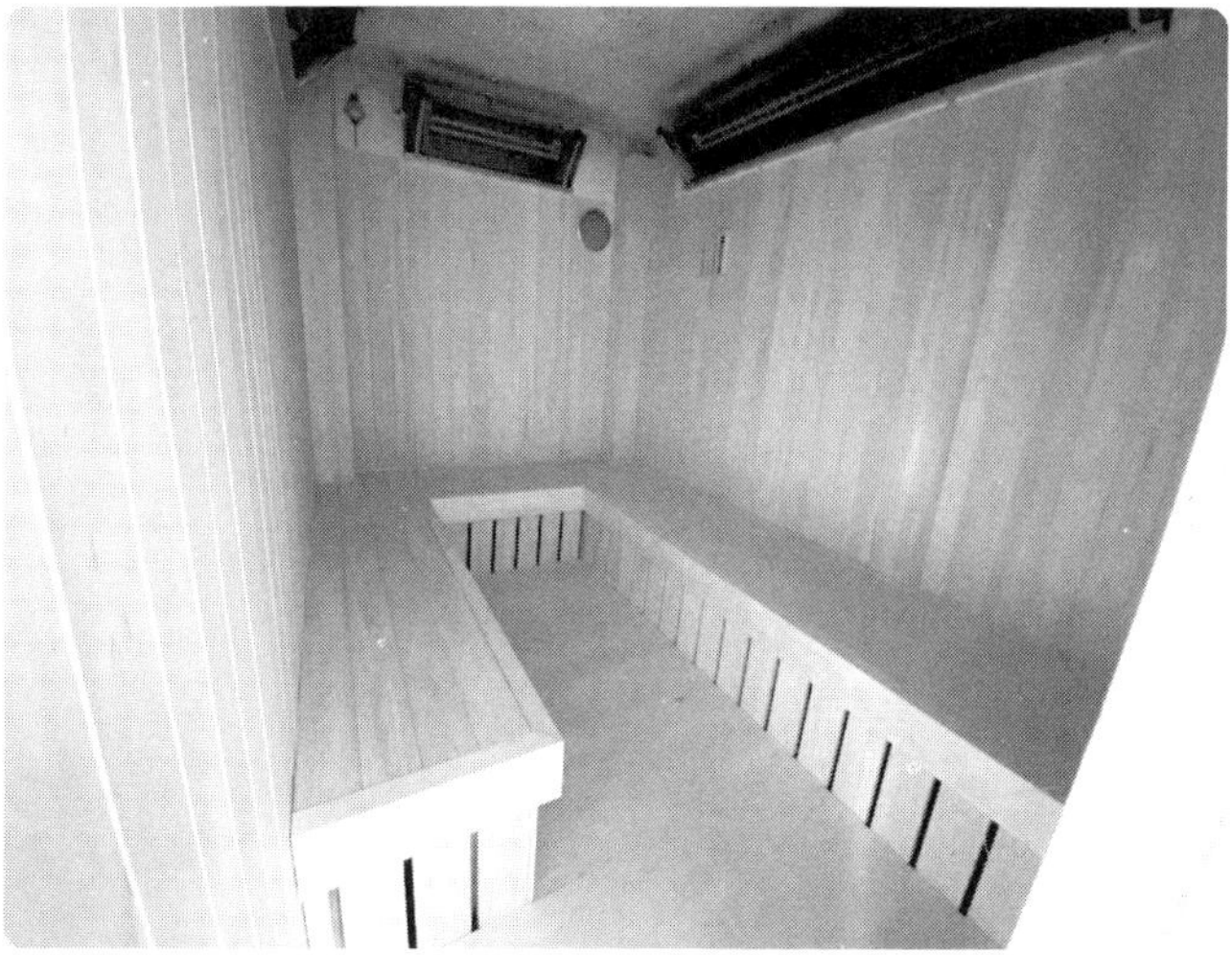

♨ 押上温泉 大黒湯　墨田区横川 3-12-14

アクセス：東京メトロ半蔵門線／東武伊勢崎線／都営地下鉄浅草線／京成押上線・押上駅徒歩 6 分

DATA

● サウナ料金
平日：300 円
土日祝：330 円

● 営業時間
平日：15～翌 10 時
土：14～翌 10 時
日祝：13～翌 10 時

● 定休日
火曜（祝日の場合は翌日休）

● URL
https://www.daikokuyu.com/

東武スカイツリーライン
足立区

堀田湯

茶室をイメージした薬草サウナはフィンランド製ストーブの本格派

足立区の西新井駅近くにある２０２２年にリニューアルされた銭湯。茶室をイメージしたサウナは薬草が香る静謐な空間でフィンランドのＨＡＲＶＩＡ製ストーブが設置されている本格派。外気浴スペースには椅子がいっぱいある。ロウリュやアウフグースも行われている。水深１６０㎝地下水の水風呂は薄緑色でしっかり冷たい。レディースデーのイベントが行われたりなど、昨今のサウナブームに完全対応した銭湯サウナ。（ヨモギダ）

♨ 堀田湯　足立区関原 3-20-14

アクセス：東武スカイツリーライン西新井駅徒歩 7 分

DATA

● サウナ料金

男性：450 円
女性：300 円

● 営業時間

平日：14〜24 時
土日祝：8〜24 時

● 定休日

第二木曜

● URL
https://www.4126.tokyo/

東急大井町線
品川区

宮城湯

ゆったり清潔な天然温泉に毎日通いたくなる上質なサウナ

品川区の下神明駅近くにある銭湯。非常に清潔感があり施設内にはゆとりが感じられる。天然温泉がメインの施設だがサウナも充実している。男女入れ替え制で片方のみ露天あり。タイル張りガス遠赤のサウナはしっかり熱く、水風呂もしっかり冷えておりサウナとの相性バツグン。派手さは無いが、落ち着いた雰囲気でシンプルかつ上質な飽きがこない毎日通いたいタイプの銭湯サウナ。現在リニューアル工事中、2023年4月より再開予定。（ヨモギダ）

♨ 宮城湯　品川区西品川 2-18-11

アクセス：東急大井町線・下神明駅徒歩 5 分、JR 山手線・大崎駅徒歩 13 分、JR 京浜東北線・大井町駅徒歩 14 分

DATA

● サウナ料金

400 円（サウナマット付き）

● 営業時間

平日：15〜24 時
土祝：13〜24 時
日：11〜24 時

● 定休日

水曜

● URL
http://www.miyagiyu.co.jp/

サウナ女子（サ女子）が女性にオススメする銭湯10選！

約300施設、海外18か国のサウナ、スパを探検中。著書に『女性のためのサウナ・ハンドブック　サウナ女子の世界』

銭湯の魅力は独特の歴史や文脈があるところだと思います。新しくできたところもあれば、古くからのところ、リニューアルしたところ、いろいろありますが、地域に根付いて安い値段で提供しているところがいいですよね。店主の考え方が反映されやすくて、独自のカルチャーを作っているのを観察するのが面白かったりもします。

逆に言うと、暗黙の独自のルールを持っているところも多いので、初めて行ったときは周りのひとをよく見るといいと思います。地元の方が楽しんでいるところなので、そこは常連さんに合わせていった方が、お互い気分良く過ごせるんじゃないでしょうか。

今回は特に、なるべく綺麗で行きやすい施設を選びました。

♨ 改良湯　渋谷区東 2-19-9

アクセス：JR 山手線・渋谷駅／恵比寿駅徒歩 12 分

渋谷と恵比寿の中間にある大正時代創業の老舗ですが、2018 年にフルリニューアル。銭湯とは思えないかっこいいデザインに生まれ変わりました。軟水に電子決済、スキンケア用品やヘアビューロンのドライヤーを完備と設備も充実。サウナ自体も天井が低くて熱がよく伝わります。

- **サウナ料金**　450 円（タオルセット付き）
- **営業時間**　月～金：13～24 時、日祝：12～23 時
- **定休日**　土曜

https://kairyou-yu.com/

♨ 黄金湯 墨田区太平 4-14-6 金澤マンション 1F

アクセス：JR総武線／東京メトロ半蔵門線・錦糸町駅徒歩 6 分

2020年にリニューアル。ここはなんといってもセルフロウリュで激アツにできるサウナが最高！ 水曜は男湯と入れ替えになるので露天風呂も楽しめます。オリジナルのクラフトビールに DJ ブース付きのバーなど、入浴以外の楽しみも充実したお洒落な空間です。

https://koganeyu.com/

- **サウナ料金** 平日：2 時間（女性 300 円、男性 500 円）
  土日：2 時間（女性 350 円、男性 550 円）
- **定休日** 第二・第四月曜

♨ ひだまりの泉 萩の湯 台東区根岸 2-13-13

アクセス：JR 山手線・鶯谷駅徒歩 3 分

銭湯とは思えない広さと設備。サウナはドライサウナと塩の置いてあるミストサウナの 2 種類（塩サウナは女性のみです）乳液などのアメニティも女性には嬉しいですよね。併設のレストランも本格的で、「サウナめし」まで楽しめます。

https://haginoyu.jp/

- **サウナ料金** 平日 250 円・土日祝 300 円
- **営業時間** 6〜9 時、11〜25 時
- **定休日** 第 3 火曜（祝日の場合は翌日休）

♨ 港湯 中央区湊 1-6-2

アクセス：JR 京葉線・八丁堀駅 徒歩 5分、東京メトロ日比谷線・八丁堀徒歩 7分、都営バス 東 15 系統（東京駅八重洲口〜深川車庫前）「鉄砲洲」徒歩 2分。

リニューアルして、物凄く綺麗な施設です。浴室もライティングが暗めで落ち着いた空間。お湯や水風呂は軟水を使っていて肌あたりが柔らかいところもいいですね。こぢんまりとしているけど内装はシックで気分が上がります。立地もいいです。男湯と女湯が日替わりで入れ替わるので、通えば 2 種類の浴場が楽しめますよ。片方のサウナ室はオートロウリュのあるロッキーサウナになっていて、結構熱くなります。

http://www.minatoyu.jp/

- **サウナ料金** 500円
- **営業時間** 15〜24 時
- **定休日** 土曜

♨ 桜館 大田区池上 6-35-5

アクセス：東急池上線・池上駅徒歩 7 分

女湯のサウナは男湯とくらべて温度の低い設定をされていることが多いのですが、こちらのドライサウナは体感温度 100 度越えの昭和ストロングスタイル。月の前半と後半でドライサウナの「壱の湯」とスチームサウナの「弐の湯」が入れ替わりになりますが、スチームもかなりの暑さなのでどちらも楽しんでください。

- **サウナ料金** 100 円（タオル付き）
- **営業時間** 月～金：12～25時、土日祝：10～25時
- **定休日** 年中無休

http://sakurakan.biz/

♨ 南青山 清水湯 港区南青山 3-12-3

アクセス：東京メトロ銀座線／半蔵門線／千代田線・表参道駅徒歩 2 分

こちらも表参道駅からすぐと、立地がいいですね。お風呂も種類が豊富で、女湯ではミクロの泡が出るシルキー風呂が人気です。ぬるめでずっと入っていられるので、そこでととのったりします。サウナ以外にも物販に力を入れたり、生ビールが飲めたり、いろんな企業とコラボをしてイベントも多く楽しい施設ですね。

- **サウナ料金**

560 円／バスタオル・フェイスタオル・ボディソープ・シャンプー・リンス付き：760 円／入浴券持参の方：600 円

- **営業時間** 平日：12～24 時／土日祝：12～23 時
- **定休日** 金曜

https://shimizuyu.jp/

♨ 久松湯 練馬区桜台 4-32-15

アクセス：西武池袋線・桜台駅徒歩 5 分

ここも綺麗でオシャレな感じの施設ですね。本当に銭湯なの？っていうぐらい広い。女性側のサウナ室は、特に銭湯だとすごく狭いことが多いんですけど、ここはサウナ室も比較的広いんです。温泉もあり、プロジェクションマッピングもあるなどいい意味で銭湯とは思えない施設です。

- **サウナ料金** 550 円（タオルセット付き）
- **営業時間** 11～23 時
- **定休日** 火曜

https://www.hisamatsuyu.jp/

♨ 武蔵小山温泉 清水湯 品川区小山 3-9-1

アクセス：東急目黒線・武蔵小山駅徒歩 5 分

銭湯なのに黒湯と黄金色の湯と、温泉が 2 種類もあるんです。外気浴も雰囲気が良くて、旅館の露天風呂みたいな感じ。別料金で岩盤浴もあったり、物販もいろいろあったりするので、サウナが嫌いな人と一緒に行っても楽しめると思います。それにサウナもしっかり熱いので、もちろんサウナ好きも楽しめます。

● **サウナ料金** 450 円／岩盤浴 1,500 円（女性専用）
● **営業時間** 平日土祝：12～24 時／日：8～24 時
● **定休日** 月曜（祝日の場合は営業、振替休日なし）

http://www.shimizuyu.com/

♨ 文化浴泉 目黒区東山 3-6-8

アクセス：東急田園都市線・池尻大橋駅徒歩 5 分

ここも立地がよくて渋谷からすぐ。お風呂が軟水で、ナノバブル風呂という気泡の細かいお風呂もあります。水風呂もちょっと深めで広い。銭湯なのにサウナ室にはアロマも置いてあって、いい香りでした。ジャズが流れていて、お洒落な雰囲気です。

● **サウナ料金** 400 円（タオル付き）
● **営業時間** 15 時半～24 時／日曜：8～12 時、15 時半～24 時
● **定休日** 不定休

https://www.bunkayokusen1010.com/

♨ 代々木上原大黒湯 渋谷区西原 3-24-5

アクセス：小田急線・代々木上原駅徒歩 4 分

押上や北区に有名な「大黒湯」がありますが、こちらの大黒湯さんはちょっと変わり種。見た目ががカオスで面白いんです。まずコインランドリー風のトタン屋根に洗濯機がたくさん並んでいるのを通り抜けたところが入り口。中は一見すると普通の銭湯なんですけど、なぜかジャグジー水風呂が赤とか青とかに光るんです。昭和歌謡が流れていて、ちょっとレトロを楽しむみたいな感じでで捉えてもらうといいと思います。

● **サウナ料金** 450 円（バスタオル、フェイスタオル付）
● **営業時間** 平日土祝：15:50～25 時半／日：13～25 時半
● **定休日** 第 1・第 3 水曜

https://ueharaekimae.com/shop/ 大黒湯 /

JR埼京線
北区

十條湯

随所にサウナー向けの心憎いサービスあり

2021年リニューアル。オーソドックスだが、随所にサウナー向けの心憎いサービスがある。8人収容のサウナ室で熱めに蒸されたら、よく冷えた水風呂へ。傍らにはととのい椅子もあるが、脱衣所の中2階にはインフィニティチェアも。併設の喫茶店も楽しい。（大木）

♨ **十條湯**　北区十条仲原 1-14-2

アクセス：JR 埼京線・十条駅徒歩 5 分

- **サウナ料金**　300 円（フェイスタオル付き）
- **営業時間**　15～23 時、日：8～12 時、15～23 時
- **定休日**　金曜

https://twitter.com/jujoyu_1010

テレビのない暗めのサ室は瞑想はかどる

JR山手線

宮下湯

巣鴨駅からほど近い、マンションの地下にある銭湯。ヒートポンプ方式で湯冷めしにくいお湯が自慢で、サウナ室はコンパクトだがしっかり熱い（バスタオルがサウナマット代わり）。少し暗めでテレビもないので空いている時は瞑想が捗る。水風呂は20度。（大木）

豊島区巣鴨 1-30-2
アクセス：JR 山手線・巣鴨駅徒歩 3 分

●サウナ料金／200 円（バスタオル付き）
●営業時間／15～24 時●定休日／木曜

https://www.1010.or.jp/map/item/item-cnt-546

爪先まで熱くなるドライサウナと導線の良さ

JR山手線

金春湯

大崎駅から少し離れた閑静な住宅街にある銭湯。高温のドライサウナは爪先が熱く感じるほどに熱い。水風呂はしっかり冷たく、休憩用のベンチがすぐ目の前にあり全く無駄の無い導線。先代から引き継いだ現店主は元ＩＴ系社員で銭湯のネット戦略をリードする存在。（ヨモギダ）

品川区大崎 3-18-8
アクセス：JR 山手線・大崎駅徒歩 8 分、都営地下鉄・戸越駅徒歩 8 分、東急池上線・戸越銀座駅徒歩 8 分。

●サウナ料金／600 円●営業時間／平日土祝：15 時～24 時、日：10～24 時●定休日／火曜

https://kom-pal.com/

ミニプールが冷たい大型水風呂に変貌

JR総武線

アクア東中野

東中野駅の商店街エリアにある銭湯。ここの特徴は何といっても露天にあるミニプール。普通に泳げるほどのサイズで冬には10度を下回る凶暴な水風呂に変貌する。高温なサウナに冷たく大きな水風呂、炭酸泉など豊富な浴槽。全てにおいてレベルの高い銭湯サウナ。（ヨモギダ）

中野区 東中野 4-9-22 メリーコートアクア 1F
アクセス：JR 総武線・東中野駅徒歩 2 分

●サウナ料金／500 円（バスタオル付き）
●営業時間／15～24 時●定休日／月曜（祝日の場合翌日休）

https://www.aqua-higashinakano1010.com/

JR総武線
江戸川区

友の湯

強力なスチームサウナで悶絶！

小岩駅から少し離れた住宅街にある銭湯。とにかくいい意味で熱すぎるスチームサウナのインパクトが絶大。罰ゲームの様に落ちてくる熱い水滴を喰らったら悶絶すること間違いなし。水滴を取る用の道具が用意されている。暑さへの耐性がある方には是非お勧めしたい。（ヨモギダ）

♨ **友の湯**　江戸川区東小岩 5-1-3

アクセス：JR 総武線・小岩駅徒歩 10 分

● **サウナ料金**　500 円（バスタオル付き）

● **営業時間**　13〜24 時　● **定休日**　火曜

https://tomonoyu.com/

JR総武線
江戸川区

仁岸湯

キレイな店内、強力サウナ、かけ流し水風呂

駅から2キロ弱。徒歩だと20分以上かかるが、キレイな店内と強力なサウナが人気を博している。広めのサウナ室は2段、遠赤ストーブにより100度越えでストレートに熱い！焼かれたあとは地下水かけ流しの水風呂へ。優しい冷たさがじんわり沁みる。（大木）

♨仁岸湯　江戸川区中央 2-7-2

アクセス：JR 総武線・新小岩駅徒歩 25 分、
バス「江戸川区役所前」徒歩 5 分

- **サウナ料金**　250 円
- **営業時間**　14 時半～23 時
- **定休日**　火曜

https://twitter.com/nigishiyu_sento

JR中央線
立川市

立川湯屋敷 梅の湯

立川に「湯屋敷」あり

昭和15年創業、2階建てで男女週替りだが1階2階それぞれに施設は充実。サウナは1階が遠赤外線サウナ、2階がロッキーサウナ。1階2階ともに露天風呂もあり、別料金で岩盤浴も。マンガやフィギュアが大量に並び、入浴後も楽しい、まさに「湯屋敷」だ。（大久保）

♨ 立川湯屋敷 梅の湯　立川市高松町 3-13-2

アクセス：JR 中央線・立川駅徒歩 7 分

- **サウナ料金**　300 円
- **営業時間**　15〜24 時
- **定休日**　年中無休

https://www.ume-no-yu.net/

JR中央線

境南浴場

サウナ再開の待たれるコミュニティ銭湯

武蔵境駅から商店街を抜けた辺りにあるコミュニティ銭湯。座面下に熱源を通したオールドスタイルのサウナは温度も湿度も高くしっかり発汗できる。地下水掛け流しの水風呂は季節によって温度が違うがいつも清涼で快適。熱狂的ファンが多い銭湯サウナ。2023年サウナ改装予定。（ヨモギダ）

武蔵野市境南町 3-11-8
アクセス：JR 中央線・武蔵境駅徒歩 5 分

●サウナ料金／200 円●営業時間／16～23 時●定休日／金曜

https://twitter.com/kyonan_sento

JR中央線

松の湯

廃業の危機を乗り越え再開した愛され銭湯

一度は廃業しかけたが熱心な常連たちの署名運動により営業再開、2019年にリニューアル。改装に際して新たにサウナも設置された。改装前から人気の日替わり薬湯の露天風呂も健在。レンガ調のタイルを使ったレトロな内装になり落ち着く雰囲気。（大久保）

八王子市小門町 20
アクセス：JR 中央線・西八王子駅徒歩 17 分、八王子駅・徒歩 19 分、八王子駅よりバス「織物組合前」徒歩 2 分

●サウナ料金／400 円（タオル、バスタオル付き）●営業時間／14～23 時●定休日／火曜

http://www.1010.or.jp/map/item/item-cnt-700

JR中央線

第二宝湯

雰囲気の良さでととのうカフェのような銭湯

個人経営のカフェや雑貨屋のような雰囲気の銭湯。サウナ室は細長く、湿度高めのコンフォートサウナでテレビあり。水風呂は18度。ロビーでは富士山のペンキ絵を見ながらクラフトビールも飲める。バキバキにキマるというより、居心地の良さでととのうタイプだ。（大木）

杉並区本天沼 2-7-13
アクセス：JR 中央線・荻窪駅徒歩 14 分、バス「稲荷横丁」徒歩 0 分

●サウナ料金／300 円（男性のみ、バスタオル付き）●営業時間／15 時半～24 時●定休日／金曜

https://twitter.com/takara_yu

JR中央線

阿佐ヶ谷温泉 天徳泉

ミストサウナの熱風オートロウリュで即発汗！

店内はハワイアンテイスト。ミストサウナはハーブの香りで居心地が良いが、15分おきのオートロウリュ（スチーム）では熱風が届き、汗が止まらなることも。水風呂もあり、浴室内にととのい椅子多数。最近、温泉認定を受け、美肌の湯としても注目されている。（大木）

杉並区阿佐谷北 2-22-1
アクセス：JR 中央線・阿佐ヶ谷駅徒歩 4 分

●サウナ料金／200 円（タオル付き）●営業時間／15～25 時●定休日／水曜

https://suginami1010.com/tentokusen/

JR中央線

アサヒトレンド21

充実のサウナ客専用スペース

三鷹駅南口からほど近く、ジェットバスや岩盤泉など浴槽の種類も豊富。サウナ客専用スペースにもカランがあり、そちらにのみ無料のシャンプーとボディソープが設置されている。なんといってもサウナ専用の休憩室が嬉しい充実施設。（大久保）

三鷹市上連雀 2-7-1
アクセス：JR 中央線・三鷹駅徒歩 3 分

●サウナ料金／400 円（タオル、バスタオル付き）●営業時間／15 時半～23 時半●定休日／金曜

https://www.1010.or.jp/map/item/item-cnt-683

JR中央線

塩湯

地元民に愛される昔ながらのローカル銭湯

四ツ谷駅から四谷三丁目方面へやや進んだ商店街の少し外れにある昔ながらの番台がある銭湯。昨今のサウナブームとは一線を画した銭湯で、地元民から強く支持されている。今更サウナがどうだ水風呂がどうだなどと言及する必要が無い次元に達している。（ヨモギダ）

新宿区 三栄町 1-1
アクセス：JR 中央線・四ツ谷駅徒歩 3 分

●サウナ料金／500 円（バスタオル、フェイスタオル、布サウナマット付。共通入浴券使用不可）●営業時間／15～23 時 、日：15～24 時●定休日／月曜、第 2 火曜

https://www.1010.or.jp/map/item/item-cnt-327

JR京浜東北線

すえひろ湯

リニューアルしたてで新しいサウナ！

昨年12月にリニューアルしたばかりなので、定員11人のサウナ室はまだ新しい木の香り。ストーブが格納式なので、どこに座っても均等に熱が伝わる。水風呂はよく冷えていて、内気浴用の椅子多く、休憩には困らない。フロントでクラフトビールも飲める。（大木）

品川区大井 1-42-4
アクセス：JR 京浜東北線・大井町駅徒歩 4 分

●サウナ料金／600 円●営業時間／平日：15～25 時、土日：10～25 時●定休日／火曜

https://suehiroyu.tokyo/

JR京浜東北線

蒲田温泉

充実した浴槽と宴会場が楽しい

蒲田にあるメディアでもよく取り上げられる人気の銭湯。2階の大広間で飲食やカラオケができるのが魅力。釜飯が名物で有名。黒湯の温泉や他ではなかなか無い高温の熱湯や電気風呂など浴槽が充実。サウナは2022年にリニューアルされて古い雰囲気は残るが綺麗。（ヨモギダ）

大田区蒲田本町 2-23-2
アクセス：JR 京浜東北線・蒲田駅から徒歩 13 分、JR 蒲田駅よりバス「蒲田本町」徒歩 1 分

●サウナ料金／300 円（バスタオル付き）
●営業時間／10～24 時●定休日／年中無休

http://kamataonsen.on.coocan.jp/

京浜急行

COCOFURO たかの湯

爆音ミュージックに送風装置など次世代施設

雑色駅すぐ近くにあるリニューアル銭湯施設。サウナ無料で朝6時から24時まで営業。空間の使い方が上手く無駄が一切感じられない。サウナでミュージックロウリュというテーマに沿った音楽を爆音の高音質で掛けているのが斬新。送風装置もあり他の施設とは一線を隠している。（ヨモギダ）

大田区仲六郷 2-27-12
アクセス：京浜急行・雑色駅徒歩 2 分

●サウナ料金／無料●営業時間／6～24 時●定休日／3、5、9、11 月の第 3 木曜

https://cocofuro.com/takanoyu/

京成押上線
葛飾区

アクアドルフィンランド

導線もよく設備も充実

京成立石駅から飲み屋街方面の近くにある銭湯。サウナ利用者のみ1階の浴室から階段で2階のスペースを出来てこのエリアだけでサウナ、水風呂、休憩が短い導線でできる。大きくしっかり熱いサウナに軟水の地下水と露天スペースもあり、やや古いが施設は充実している。（ヨモギダ）

♨ アクアドルフィンランド　葛飾区立石 7-16-3

アクセス：京成押上線・京成立石駅徒歩 4 分

- **サウナ料金**　280 円（バスタオル付き）
- **営業時間**　15～23 時
- **定休日**　木曜

https://katsushika1010.com/sento/
アクアドルフィンランド /

サ室は温度湿度良好、水風呂キンキン！

京成押上線

アクアガーデン栄湯

下町風情の残るあたたかな銭湯。サウナ室はロッキーサウナが装備。約3分という短い間隔でオートロウリュが行われるので、湿度と湿度はバッチリ。水風呂は冷え冷えで、露天風呂に外気スペースはあるが、土日祝限定なので注意。※女湯はドライサウナで土日のみ。（大木）

葛飾区東四つ木 3-45-7
アクセス：京成押上線・四ツ木駅徒歩 8 分

●サウナ料金／300 円●営業時間／水～土：16 時半～ 22 時、日：16 時半～ 21 時半●定休日／月火

https://katsushika1010.com/sento/アクアガーデン栄湯/

熱めのコンフォートサウナに外気浴もあり

都電荒川線

飛鳥山温泉

温泉とあるが、地下水を汲み上げて沸かしている銭湯。広い浴槽でゆったり浸かることができる。遠赤外線ストーブのコンフォートサウナは6人収容でバッチリ熱い。水風呂は20度前後で地下水ということもありやわらかい。露天風呂のそばにはととのい椅子も設置。（大木）

北区滝野川 2-43-2
アクセス：都電荒川線・飛鳥山駅徒歩 5 分

●サウナ料金／350 円●営業時間／14 時半～ 24 時●定休日／火曜、第 1 水曜

http://asuka1010.main.jp/

マイルドなサウナで時を忘れてのんびりと

東武大師線、日暮里・舎人ライナー

湯処じんのび

「ゆっくり、のんびり、くつろぎ」の意味がある「じんのび」。看板猫や、多彩な湯があり、時間を忘れてくつろげる。サウナはテレビあり、立ちシャワーのある水風呂と共にマイルド。男女入れ替え制で、露天風呂のある「西の湯」が人気（※東の湯も半露天あり）。（大木）

足立区西新井 6-43-4
アクセス：東武大師線・大師前駅徒歩 8 分、日暮里・舎人ライナー・西新井大師西駅徒歩 8 分

●サウナ料金／300 円●営業時間／14～24 時、日：12～24 時●定休日／月曜

https://twitter.com/yudokorojinnobi

東武スカイツリーライン
墨田区

薬師湯

熱々サウナはいつでもコンディション良好！

オーナーは30選にも選ばれた萩の湯、寿湯のご兄弟。当然ながらサウナのコンディションはバッチリ。サウナ室は遠赤外線ストーブで熱々、水風呂は地下水かけ流し、ととのい椅子も完備と、下町銭湯でありながらサウナーにも胸を張ってオススメできる銭湯だ。（大木）

♨ **薬師湯**　墨田区向島 3-46-5

アクセス：東武スカイツリーライン・とうきょうスカイツリー駅徒歩 2 分、半蔵門線・押上（スカイツリー前）駅 A3 出口徒歩 6 分

- **サウナ料金**　200 円
- **営業時間**　15 時半～26 時
- **定休日**　水曜（祝日の場合は火曜）

http://yakushiyu.com/

明るい店内、ドライ＆スチームの２種類サウナ

東武スカイツリーライン

岡田湯

２０１９年にデザイナーズマンションのような明るくきれいな銭湯へとリニューアル。サウナは2種類。ドライはテレビありの１００度越えだが、じんわり熱が伝わるので厳しさはあまり感じない。スチームはコンパクトながらしっかり蒸気。水風呂も2種類で外気もあり！（大木）

足立区関原 3-43-2
アクセス：東武スカイツリーライン・西新井駅徒歩 10 分

●サウナ料金／200 円●営業時間／15～23 時半●定休日／月曜

https://okadayu.com/

やさしいサウナの熱と静かで冷たい水風呂

東武東上線

みやこ湯

『ドラマ・サ道』第一話にも登場した銭湯。看板は激シブだが、店内はきれい。サウナは格納式で全体に熱気が届き、やさしい熱さでじっくり楽しめる。サウナ室の扉を開けるとすぐ水風呂。バイブラもなく静かな雰囲気だが、意外と冷たくてうれしくなる。（大木）

板橋区 熊野町 34-14
アクセス：東武東上線・大山駅徒歩 10 分

●サウナ料金／170 円（バスタオル付き）●営業時間／15 時半～24 時●定休日／金曜、第 3 木曜

https://1010itabashi.or.jp/facility/みやこ湯 /

キレイなお風呂にサウナ、水風呂は２種類

東武東上線

アクアセゾン

ピカピカの店内には高純度軟水を使用したシルキーバスや炭酸泉など多彩なお風呂を用意。サウナ室は90度で2段、テレビありのスタンダードなタイプ。水風呂はサ室のすぐ隣（深め）と、歩行浴ができるミニプール（浅め）の2つ。半露天にはベンチと椅子あり。（大木）

板橋区常盤台 3-14-6
アクセス：東武東上線・ときわ台駅徒歩 7 分、上板橋駅徒歩 8 分

●サウナ料金／350 円（バスタオル・タオル・専用ロッカー込）●営業時間／平日・祝：13 半～23 時、日：12 時～23 時● 定休日／金曜

http://aqua-saison.com/

東京メトロ南北線
港区

アクアガーデン三越湯

高級住宅地に佇む居心地の良い銭湯

港区白金にあるビル型銭湯。この高級住宅街にあるだけで驚き。場所柄サウナ価格は高めの設定で入浴料プラス750円。その分設備はしっかりしており安心して利用できる。コンパクトな浴室ながらも露天や休憩用の椅子もあり混んで居ても居心地は良い。浴室は男女入れ替え制。（ヨモギダ）

♨ アクアガーデン三越湯　港区白金 5-12-16

アクセス：JR 山手線・渋谷駅よりバス「北里研究所」徒歩 0 分、
都営三田線／南北線・白金高輪駅徒歩 11分、日比谷線・広尾駅徒歩 11分

- **サウナ料金**　750 円
- **営業時間**　15 時半～22 時
- **定休日**　金土日

https://www.1010.or.jp/map/item/item-cnt-107

遠赤サウナに深め水風呂、露天で外気浴

東京メトロ南北線

HOTランド みどり湯

赤羽で一番大きな銭湯。お風呂もジャグジーをはじめバリエーション多彩。露天はヒノキ、岩風呂の2つ（男女共）。サウナはコンパクトな遠赤ストーブのドライ（テレビ付き）。サ室出てすぐの水風呂は意外と深めのバイブラありでよく冷える。もちろん外気浴もOK。（大木）

北区志茂 3-25-9
アクセス：東京メトロ南北線・志茂駅徒歩 3 分

●サウナ料金／380 円（バスタオル、フェイスタオル付き）●営業時間／平日祝日：15 ～ 23 時、日：13 ～ 23 時●定休日／月曜（祝日の場合翌日休）

http://midoriyu.main.jp/

お洒落で快適な浴室に掛け流しの水風呂

東京メトロ有楽町線

クアパレス藤

要町駅から住宅街にしばらく進んだ場所にある2017年リニューアルの銭湯。広々とした浴室はお洒落で快適。男性サウナは高温のドライサウナで発汗が早い。女性サウナは低温でじっくり温めるタイプ。水風呂は掛け流しで大きい。外気浴スペースもある。（ヨモギダ）

板橋区南町 39-10
アクセス：東京メトロ有楽町線・要町駅徒歩 11 分、千川駅徒歩 13 分

●サウナ料金／300 円●営業時間／15 時半～ 24 時 、日祝：14 ～ 24 時●定休日／水曜、第一木曜

https://1010itabashi.or.jp/facility/クアパレス藤 /

やや熱めコンフォートサウナに屋外水風呂

東京メトロ有楽町線

大黒湯

年季は入っているが、掃除が行き届いたきれいな銭湯。サウナ室は浴室とは別の半露天の場所に設置されており特別感がある。100度近くだが湿度も程よいコンフォートサウナ。水風呂は小さいが屋外なのが嬉しい。当然外気浴も可能。穴場的銭湯とも言える。（大木）

板橋区大谷口 1-47-5
アクセス：東京メトロ有楽町線千川駅徒歩 7 分

●サウナ料金／300 円（タオル付き）●営業時間／15 ～ 24 時●定休日／火曜

https://1010itabashi.or.jp/facility/大黒湯 /

都営新宿線

第二久の湯

サウナを出たら縁側で銭湯的極上外気浴

昔ながらの下町銭湯だが、サウナは２０１１年にリニューアルしており、しっかり熱いドライサウナ。水風呂はそれほどの冷たさではないが、浴室から縁側に出ることができ、そこで外気浴ができるのが最大の特徴。銭湯とサウナが好きなら一度は足を運んでみたい。（大木）

江東区大島 1-36-6
アクセス：都営新宿線・西大島駅徒歩 3 分
●サウナ料金／230 円●営業時間／15〜23 時●定休日／木曜

http://hisanoyu.web.fc2.com/

都営新宿線

庄楽の湯

お風呂が種類豊富、サウナはリーズナブル

炭酸泉、シルク風呂、露天風呂と様々な種類のお風呂があり、サウナが１５０円と安い。コンフォートサウナなので適度な湿度もあり快適に汗がかける。水風呂はコンパクトで、露天スペースには椅子がないのでそのまま座る形式。閉店が少し早めなので注意。（大木）

江戸川区上篠崎 2-12-16
アクセス：都営新宿線・篠崎駅徒歩 8 分
●サウナ料金／150 円●営業時間／14 時半〜22 時●定休日／木曜、第 1・第 3 水曜

http://syourakunoyu.sakura.ne.jp/

都営新宿線

鶴の湯

天然黒湯温泉だから水風呂も黒湯！

源泉かけ流しの天然黒湯温泉銭湯。遠赤外線ストーブのドライサウナはきれいで広め。しかしかなりの熱さが襲ってくる。水風呂は肌触り滑らかな黒湯で、かけ流しのためそれほど温度は低くないが、その分長く入ることもできる。露天には外気浴用の椅子あり。（大木）

江戸川区船堀 2-11-16
アクセス：都営新宿線・船堀駅徒歩 5 分
●サウナ料金／300 円●営業時間／15 時半〜24 時●定休日／水曜

http://tsurunoyu.tokyo/

専用スペースのあるサウナに黒湯水風呂

乙女湯
都営新宿線

温浴設備が充実している天然黒湯温泉銭湯。サウナゾーンは専用のカランやパウダールームもある仕様。サ室は3段で7人収容で熱いがマイルドさもある。水風呂は専用スペースと露天にある黒湯水風呂の2種類。黒湯のあつ湯と黒湯水風呂で交互浴も楽しい。（大木）

江戸川区船堀 7-3-13
アクセス：都営新宿線・船堀駅徒歩 7 分

●サウナ料金／400 円●営業時間／15 ～ 23 時 、日祝：14 ～ 23 時●定休日／月曜（祝日の場合翌日休）

https://www.oyunofuji1010.com/gallery/1839/

スチームとドライ、2 種類のサウナあり

あけぼの湯
都営新宿線

天然温泉で、1階と2階にそれぞれ浴室がある珍しいタイプの銭湯。浴槽は広く露天風呂もあり、岩盤泉や酵素風呂なども。サウナはスチーム（低温）とテレビ付きのドライサウナ（高温）の2種類。水風呂もぬるめ広めでゆったり。1階には食事処もあり。（大木）

江戸川区船堀 3-12-11
アクセス：都営新宿線・船堀駅徒歩 5 分

●サウナ料金／300 円●営業時間／15 時半～ 23 時 45 分、日：14 ～ 23 時 45 分●定休日／木曜・金曜

https://twitter.com/h0116_0902

サウナ専用休憩室もあるゆったり空間

羽衣湯
都営大江戸線

西新宿5丁目駅からすぐ近くの住宅街にある昔ながらの銭湯。空間の使い方にゆとりがあり広い。浴室は男女入れ替え制で高温のドライサウナと塩サウナ、露天スペースもあり。水風呂は季節によって変わるが総じて冷たい。サウナ利用者専用の休憩室がありゆっくり過ごせる。（ヨモギダ）

渋谷区本町 3-24-20
アクセス：都営大江戸線・西新宿 5 丁目駅徒歩 4 分

●サウナ料金／600 円●営業時間／14～25 時半 、日：13～25 時半●定休日／金曜

https://www.1010.or.jp/map/item/item-cnt-354

釈迦サウナで瞑想しまくりととのいまくり

都営大江戸線

栄湯

白く光に彩られた浴室が美しい銭湯。サウナは無音・テレビなし・天井に巨大なお釈迦様の絵が描いてある「釈迦サウナ」。深く瞑想へ誘うこと間違いなし。半露天風呂の「孔子の湯」と毎週土曜に男女入れ替え。あつ湯と水風呂で交互浴するのも楽しい。（大木）

新宿区西落合 2-6-2
アクセス：都営大江戸線・落合南長崎駅下車徒歩８分

●サウナ料金／400 円（バスタオル付き）
●営業時間／15～24 時●定休日／金曜

https://twitter.com/skey_tgd1010

実質４段のサウナに落水ボタンつきの水風呂

都営大江戸線

辰巳湯

江東区清澄白河駅や清澄庭園からすぐ近くにある昔ながらの銭湯。広く開放感のある浴室。最上段に椅子が置かれ実質４段目まであるガス遠赤の高温サウナは体感温度高め。水風呂には落水ボタンあり。外気浴も出来て休憩所には漫画がいっぱいあり居心地が良い。（ヨモギダ）

江東区三好 1-2-3
アクセス：都営大江戸線・清澄白河駅徒歩２分

●サウナ料金／300 円●営業時間／平日：15～24 時、土日：11～24 時●定休日／月曜（祝日の場合翌日休）

http://www.maroon.dti.ne.jp/tatsumi/facilities.html

ビル街の地下に隠れた昔ながらの銭湯

都営大江戸線

勝どき湯

中央区勝どき駅から晴海方面に向かったタワマン乱立エリア近くのビル型銭湯。エントランスから地下に降りる導線までは大都会の佇まいだが、中に入ってしまえば昔ながらの銭湯。コンパクトなガス遠赤サウナに小さめの水風呂。ハイソな場所にこういう地味な銭湯があるのが面白い。（ヨモギダ）

中央区勝どき 3-9-7
アクセス：都営地下鉄大江戸線・勝どき駅徒歩５分

●サウナ料金／300 円●営業時間／15 時半～22 時●定休日／火曜・日曜

http://www.268chuou.com/list/detail10.php

日本庭園を眺めながら外気でととのえる

東急大井町線、池上線

中延温泉 松の湯

一見駅近の普通の銭湯だが、実は天然温泉。ロッキーサウナがあり、5分に1度のオートロウリュが行われている。水風呂も天然温泉が使われており、日本庭園を眺めながら入る露天風呂が素晴らしい。休憩スペースも露天にあるので風雅な気分でととのえる。（大木）

品川区戸越 6-23-15
アクセス：東急大井町線・中延駅徒歩 2 分、都営浅草線・中延駅徒歩 2 分、東急池上線・荏原中延駅徒歩 10 分

●サウナ料金／300 円●営業時間／平日土祝：15〜24 時、日：10〜24 時●定休日／月曜

https://matsunoyu.com/

懐かしのＪポップが流れる高温サウナ

東急世田谷線

八幡湯

世田谷線西太子堂駅すぐ近く、三軒茶屋からも徒歩圏にある銭湯。地元民に支持されている。懐かしのJポップが流れるサウナはガス遠赤の高温で発汗が早い。水風呂はマイルドな温度で無理なく入れる。休憩は更衣室に仕切られたスペースがあり、扉を開けて外気浴もできる。（ヨモギダ）

世田谷区太子堂 5-21-4
アクセス：東急世田谷線・西太子堂駅徒歩 4 分

●サウナ料金／350 円（大小タオル付き）●営業時間／15〜23 時●定休日／金曜・土曜、第三週の木曜

https://www.setagaya1010.tokyo/guide/hachiman-yu/

無料なのに 100 度越えの本格派サウナ

東急池上線

COCOFURO ますの湯

駅からすぐで、炭酸泉あり、そしてサウナが無料という最強コスパの天然黒湯温泉銭湯。無料とはいえサウナの設備は本格派。１００度越えの格納式ストーブでしっかり汗もかけ、水風呂も黒湯冷泉かけ流しでキンキン。炭酸泉が低め温度の「サウナデー」も時折開催。（大木）

大田区南久が原 2-1-23
アクセス：東急池上線・久が原駅徒歩 1 分

●サウナ料金／無料●営業時間／6〜24 時●定休日／3、6、9、12 月の第 2 木曜

https://cocofuro.com/masunoyu/

東急田園都市線
目黒区

文化浴泉

スタイリッシュで機能的な デザイナーズ銭湯

池尻大橋駅から商店街を中目黒方面に進んだ途中にあるデザイナーズ銭湯。非常にコンパクトながらもスタイリッシュかつ機能的な浴室。蛇口、浴槽全て軟水を使用。人気施設の為、サウナは待ちが発生する事がしばしばだが回転は早い。時間に余裕を持って訪れたい。2023年1月後半より店内改装工事のため休業、3月7日より営業再開。（ヨモギダ）

♨ **文化浴泉**　目黒区東山 3-6-8

アクセス：東急田園都市線・池尻大橋駅徒歩 5 分

- **サウナ料金**　400 円（タオル付き）
- **営業時間**　15 時半～24 時
  日：8～12 時、15 時半～24 時
- **定休日**　不定休

https://www.bunkayokusen1010.com/

独特な造りの硬派施設

東急田園都市線／世田谷線

駒の湯

三軒茶屋から世田谷通りを進んだいわゆる三角地帯エリアにある昔ながらの人気銭湯。独特な造りのサウナには演歌が流れていて高温。これまた特殊な細長な形の水風呂はしっかり冷えている。硬派な施設ゆえ常連客が多く多少ローカルルールがあるので初めての人は注意したい。（ヨモギダ）

世田谷区三軒茶屋 2-17-13
アクセス：東急田園都市線／世田谷線・三軒茶屋駅徒歩 5 分

●サウナ料金／400 円（サウナバック、バスタオル、フェイスタオル込み）●営業時間／15 時半～23 時半●定休日／月曜・火曜

https://www.setagaya1010.tokyo/guide/koma-no-yu/

天然温泉にマイルドなサウナでゆったり

東急東横線

ぽかぽかランド 鷹番の湯

目黒区学芸大学駅から商店街を進み路地に入った住宅街にある昔ながらの施設。このエリアでは珍しく天然温泉がある。浴室は1階と2階に分かれており男女入れ替え制。露天スペースもある。サウナも水風呂もマイルドで温泉も含めてゆっくり楽しみたい。（ヨモギダ）

目黒区鷹番 2-2-1
アクセス：東急東横線学芸大学駅・徒歩 7 分

●サウナ料金／600 円（大小タオル付き）●営業時間／15～24 時●定休日／木曜・金曜

https://www.takaban-yu.com/

イベントも行う自由が丘の銭湯サウナ

東急東横線・大井町線

みどり湯

2022年に浴室ではなくフロントをリニューアルし、コミュニティスペースを作った自由が丘の銭湯。サウナも水風呂（井戸水）もコンパクトだが、セッティングは良好。貸し切り銭湯&サウナや、併設のギャラリーでのトークイベントなどいろいろなイベントを開催。（大木）

目黒区緑が丘 2-7-14
アクセス：東急東横線・大井町線自由が丘駅徒歩 7 分

●サウナ料金／300 円●営業時間／13～22 時●定休日／木曜

https://midoriyururi.com/

東急東横線
目黒区

光明泉

抜群の清潔感の大人気施設

目黒区中目黒駅すぐ近くにあり2014年にリニューアルされた人気の銭湯。男女入れ替え制で片方には露天スペースあり。白を基調としたデザインで抜群の清潔感。サウナや水風呂は順番待ちがしばしば発生する程に人気。サウナの他、人工ラジウム泉や炭酸泉もある。（ヨモギダ）

♨ **光明泉**　目黒区上目黒１－６－１

アクセス：東急東横線・中目黒駅徒歩３分

- **サウナ料金**　300円（大小タオル付き）
- **営業時間**　15〜25時
- **定休日**　不定休

http://kohmeisen.com/

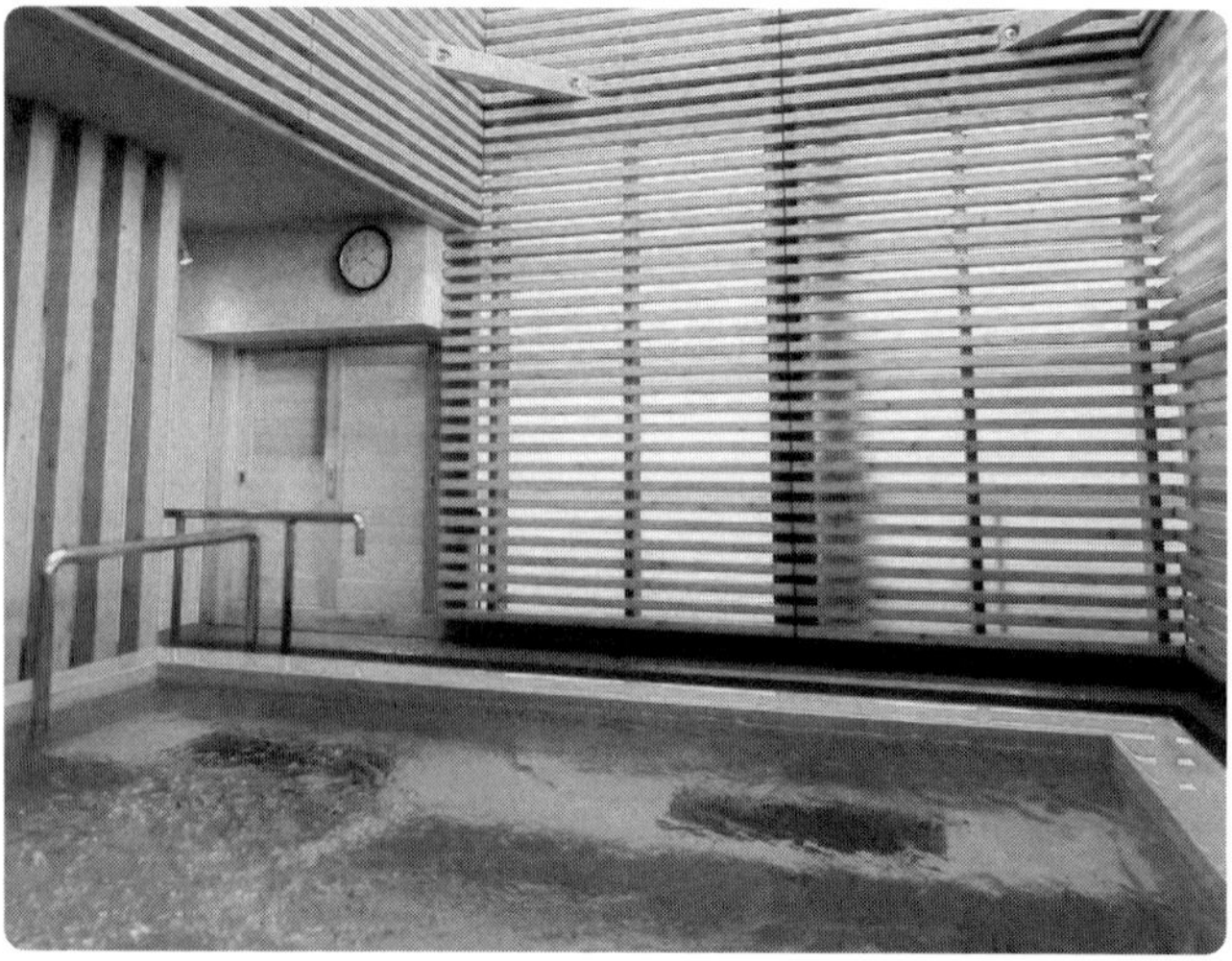

明るく広い浴室に熱めサウナと水風呂

西武新宿線

井草湯

２０１８年にリニューアルして日々賑わう銭湯。人気の秘密は広い浴室にある露天炭酸泉やシルキーバスなど5種類の風呂。サウナはコンフォートタイプにしては少し熱めでたちまち汗だく。青いタイルが美しい水風呂は程良く冷えており、露天にはととのい椅子あり。（大木）

杉並区下井草 5-3-15
アクセス：西武新宿線井・荻駅徒歩 6 分

●サウナ料金／入浴料込 920 円（タオル付）入浴券利用 440 円（タオル付）●営業時間／14 時半～22 時半●定休日／月曜

https://twitter.com/igusayu

露天あり、地下水くみ上げ水風呂あり

西武新宿線

庚申湯

立派な破風造りの外観に、いろいろなお風呂がある地元の人気銭湯。週替わりの入れ替え制で、「富士の湯」は露天ありの遠赤外線サウナ。「絹の湯」はシルキーバスに湿度高めのコンフォートサウナ。水風呂は地下水汲み上げなので18度となかなかの冷たさ。（大木）

西東京市芝久保町 1-13-2
アクセス：西武新宿線・田無駅徒歩 15 分。

●サウナ料金／250 円●営業時間／15～23 時●定休日／月曜（祝日の場合翌日休）、第一火曜

http://www.koushin-yu.com/

男湯はカラカラ、女湯はオートロウリュあり

西武池袋線

ゆパウザひばり

豊富な種類の内風呂に露天風呂と外気浴スペースあり。男湯サウナは１００度越えのカラカラ遠赤外線ドライサウナ、女湯はロッキーサウナで3分ごとにオートロウリュあり。水風呂は地下水かけ流し。ロビーではビールも飲める。全て揃った銭湯サウナ。（大木）

西東京市谷戸町 3-17-8
アクセス：西武池袋線・ひばりヶ丘駅徒歩 5 分

●サウナ料金／300 円●営業時間／平日：15～23 時半、祝：13 ～ 23 時●定休日／木曜（祝日の場合翌日休）

http://www.yu-pauza.com/

やさしいセッティングの心地良いサウナ

西武池袋線

みどり湯

「雲海」「睡蓮」というタイプの異なった浴場（どちらも露天あり）が週替わりで楽しめる。サウナは「雲海」が遠赤外線ドライサウナ、「睡蓮」はコンフォートサウナ。どちらも熱々ではなくやさしいセッティング。水風呂は地下水。露天にベンチあり。（大木）

西東京市ひばりが丘 1-14-2
アクセス：西武池袋線・ひばりヶ丘駅徒歩4分

●サウナ料金／250円●営業時間／15～23時半、日祝：14～23時●定休日／金曜

https://www.1010.or.jp/map/item/item-cnt-690

入浴後もゆっくり楽しめる大正ロマン銭湯

京王線

府中湯楽館 桜湯

2020年に「大正ロマン」をテーマとしてスタイリッシュにリニューアルオープン。ジェットに電気のついた大浴槽、薬湯、サウナに水風呂とコンパクトながら設備は充実。休憩室には大量のマンガにクラフトビールの販売もあり、入浴後もゆったり楽しめる。（大久保）

府中市宮町 1-23-3
アクセス：京王線・府中駅徒歩3分

●サウナ料金／300円（22時以降入店の場合100円）●営業時間／16～23時●定休日／年中無休

https://twitter.com/UmenoyuSakurayu

掛け流しの水風呂に半露天の外気浴

京王線

曙湯

府中駅から少し歩いた住宅にある昔ながらの銭湯。L字型2段のサウナ室に地下水掛け流しで心地のよい水風呂。半露天の風呂にはベンチもあって外気浴も可能。「こういうのでいいんだよ」と言いたくなるタイプの銭湯だ。（大久保）

府中市晴見町 1-11-1
アクセス：京王線・府中駅徒歩10分

●サウナ料金／入浴料込：700円、入浴券利用の場合：250円●営業時間／16～24時●定休日／月曜（祝日の場合翌日休）

https://twitter.com/AKEBONOYU_fuchu

高湿度のスチームサウナにラドン温泉が人気

京王線

鶴の湯

調布駅と西調布駅の間くらい、どちらから歩いても十数分のところに位置するラドン温泉が人気の銭湯。サウナはスチームサウナで温度は低めだが湿度が高く、汗はかなり出る。水風呂は小さめだが温度は低めでしっかり冷える。（大久保）

調布市下石原 1-10-2
アクセス：京王線・西調布駅徒歩 7 分

●サウナ料金／無料●営業時間／15〜23時●定休日／水曜

https://www.1010.or.jp/map/item/item-cnt-669

住宅街には珍しい大型銭湯

小田急線

湯パーク レビランド

世田谷区祖師ヶ谷大蔵駅から城山通りを東側へ進み住宅街に入った場所にある銭湯。住宅街の銭湯にしては大きく湯船の種類が多く男女共に露天スペースあり。サウナも10数名は入れる大型で温度はマイルドだが湿度があり発汗はしっかり出来る。水風呂は季節により温度が変わる。（ヨモギダ）

世田谷区祖師谷 1-24-1
アクセス：小田急線 祖師ケ谷大蔵駅下車徒歩 10 分

●サウナ料金／350 円●営業時間／15 時半〜25 時●定休日／火曜（祝日の場合翌日休）

https://www.setagaya1010.tokyo/guide/yu-park-levee-land/

水風呂は珍しいメタケイ酸源泉かけ流し！

小田急線

丸正浴場

浅井戸から汲み上げた軟水の銭湯。サウナはバスタオルをマット代わりに敷くスタイルで、銭湯定番の遠赤外線で2段6人収容。じっくり入って汗をかいたらシャワーで流して水風呂へ。薄茶色に濁ったメタケイ酸源泉かけ流しという水風呂では珍しいタイプ。（大木）

世田谷区喜多見 4-36-16
アクセス：小田急線喜多見駅徒歩 10 分

●サウナ料金／300 円（バスタオル付き）
●営業時間／15〜22 時●水曜、第 3 火曜

https://www.setagaya1010.tokyo/guide/marusho-yokujou/

東京銭湯サウナガイド

2023年3月28日　初版印刷
2023年4月11日　初版発行

執筆	大木浩一、サウナーヨモギダ
協力	酒徳ごうわく
デザイン	北村卓也
編集	大久保潤（Pヴァイン）
写真提供	【公式】東京銭湯｜東京都浴場組合 http://www.1010.or.jp
発行者	水谷聡男
発行所	株式会社Pヴァイン 〒150-0031 東京都渋谷区桜丘町21-2 池田ビル2F 編集部：TEL 03-5784-1256 営業部（レコード店）： TEL　03-5784-1250 FAX　03-5784-1251 http://p-vine.jp ele-king http://ele-king.net/
発売元	日販アイ・ピー・エス株式会社 〒113-0034 東京都文京区湯島1-3-4 TEL　03-5802-1859 FAX　03-5802-1891
印刷・製本	シナノ印刷株式会社

ISBN　978-4-910511-41-2